FU… EI SHIMEI

二葉亭四迷

SAVRULAN BULUTLAR

JAPONCA ASLINDAN ÇEVİREN

ZEYNEP EZGİ ZÜMBÜL

TOKYO MANGA

Futabatei Shimei

(4 Nisan 1864 – 10 Mayıs 1909)

Aristokrat bir samuray ailesinin üyesi olarak Edo'da doğmuştur. Gerçek adı Tatsunosuke Hasegawa'dır. Kesinleşmemiş bir rivayete göre takma adı edebiyatı önemsemeyen babasının "kutabatte shime" (cehenneme git) sözünden türemiştir.
Tokyo Yabancı Dil Okulunda Rusça üzerine eğitim almıştır. *Ivan Goncharov, Dostoyevski, Turgenyev* gibi Rus yazarlarla ilgilenmiştir. Okulu bırakmaya karar veren Shimei, edebiyat kariyerine yakın arkadaşı Tsubouchi Shōyō'nun yardımıyla başlamıştır. Shōyō'nun teşvikiyle *"Shosetsu Soron"* adlı roman teorisi üzerine eleştirel bir makale yayımlamıştır.
Çağdaş Japon edebiyatına uygun bir dil inşa etmiştir. Kaleme aldığı eserlerde klasik yazı diline ait olan üslup yerine *"gembun itchi"* adının verildiği, konuşma ve yazı dilinin birleşmesiyle oluşan bir üslup kullanmayı tercih etmiştir. Bu yöntemle 1887'den 1889'a kadar yayımladığı realist romanı *Savrulan Bulutlar (Ukigumo)*, modern Japon romanlarının öncüsü olarak kabul görmüştür. Bu eserinin ardından *Sono Omokage* ve *Heibon* adında iki roman çalışması daha olmuştur.
Rus edebiyatına ait pek çok eseri Japoncaya kazandırmıştır. Ōgai Mori ve Doppo Kunikida'nın eserlerini de Rusçaya çevirmiştir.
Muhabir olarak bulunduğu Rusya'da tüberküloza yakalanmış, Japonya yolculuğu sırasında Bengal Körfezi'nde vefat etmiştir.

Zeynep Ezgi Zümbül

1999 yılında doğan Ezgi Zümbül, Ankara Üniversitesi Japon Dili ve Edebiyatı bölümünden mezun olmuştur. Edebiyat alanında ilerlemeye karar vererek yayıncılık sekötüründe çevirmenlik yapmaya başlamıştır. *Döşek (Katai Tayama), Yaban Kazı (Ōgai Mori), Savrulan Bulutlar (Futabatei Shimei)* eserlerini Türkçeye kazandırmıştır. Japon edebiyatına dair çevirmenlik çalışmalarına devam etmektedir.

SUNUŞ

Yazım dünyasında yazar, çevirmen, yayıncı ve okur olarak herkesin aklına çoğu zaman aynı soru gelir: O diyarlarda ne yazılıp ne okunuyor? Bu sorudan yola çıkarak kültürü ve geleneği oldukça eski ve eşsiz, tarihte yaşanmış pek çok savaşın izlerini taşıyan, çalkantılı dönemlere şahit olmuş ve geride kalan buhranla mücadele etmiş bir coğrafyanın edebiyatına konuk oluyoruz. Japonya ve dünyada, hem yazar hem de eser olarak yayımlandığı döneme damga vurmuş ve geleceğe miras olan bu ölümsüz eserleri sizlere sunuyoruz.

Japon edebiyatı, ülkesinin kuruluşundan daha derin izlere sahiptir. Bazı dönemlerde içine kapanmış olsa da ülke olarak yaşadığı değişimler sonucu dünya ile tanışarak hem edebî zenginliğine yeni akımlar eklemiş hem de kendine has üslubunu farklı dillere yansıtmayı başarmıştır. Temelleri geleneksel bir bakış açısıyla atılan Japon edebiyatı, etkisi altına girdiği türler ve benimsediği yeni akımlarla kalemini genişletmiştir. Kendi kültürel mitlerinden beslenen ve gerçekliğin sınırlarını zorlayan kısa hikâyeciliğinin altında tarihî arka plan okura aktarılmış, karakterin duygu evrenine sürüklenen uzun eserler ortaya konulmuş, dünyada benzeri bulunmayan, geleneksel Japon şiirleri ve diğer birçok edebî türden eşsiz eserler yazılmıştır.

Hiç şüphesiz her edebî eser onu kaleme alan zihnin çizgilerini, satır aralarının derinliğinde gizler. Bu seçkideki eserlerde de Japon edebiyatının temellerini oluşturan ve çağdaş dönem edebiyatını etkilemeye devam eden *Osamu Dazai, Natsume Sōseki, Ryūnosuke Akutagawa, Ōgai Mori, Katai Tayama, Kyōka İzumi, Kenji Miyazawa* gibi usta kalemlerin zihinlerine eşsiz bir yolculuk yapacağız. Güneşin doğduğu ülkeye giden bu gemide; kendi içsel yalnızlığına gömülürken hikâyesini de ardından sürükleyenden, gerçekliğe uymayan hayallerinin ütopyasında kaybolan bir zihne ya da baskılanmış benliğinin zincirlerini kırarken karakterini kullanandan, kendi yaşamındaki utancını öyküsüyle itiraf edene kadar farklı dünyalar dilimize kazandırılmıştır.

Sizler için keyifli bir okuma yolculuğu olmasını temenni ettiğimiz bu seçkimizde yeni zihinlere, kalemlere ve dünyalara kapı açmaya devam edeceğiz. Yazının kalıcılığına inanarak, "uzak" olan coğrafyaları yine yazıyla "yakın"ınıza getirebilmek dileğiyle...

Tokyo Klasik Yayın Ekibi

ÖN SÖZ

Güllerin başımızda açtığı yaşamda, insanların birer kopyaya dönüştüğü toplumda yalnızca yazıyor olmak yeterli olmuyor. Yine aynı şekilde demode kalmış lafları geveleyip durmak veya dilimizin dönmediği laflar etmek de bir işe yaramaz. Hatta karmakarışık kelimeleri öğrenip ağzımızdan tükürürcesine akıtmak da yersizdir. Bence bunlar yalnızca söylemek ve eyleme geçirmek meselesi. Ne okların ne de kalkanların olduğu medeniyetimizin güçlenmesi telaşı bir anda etrafımızı sarınca, sersemlemiş bir hâlde, hiç düşünmeden Sanbō Kōjin[1] ve Harunoya Usta'ya[2] danışmaya gittim. Eğer

[1] Japon ateş, aile ve mutfak tanrısıdır. Bazen Kamado-gami olarak da adlandırılır. İnsanları ıslah etmek için var olan hiddetli güçleri temsil eder. –ç.n.

[2] Tsubouchi Shōyō (22 Mayıs 1859 – 28 Şubat 1935), Japon tiyatrosunda çığır açan bir yazar olarak bilinir. Eski bir şiir olan "Oboro tsuki yoni shiku mono zonaki"den (Mehtaplı Gece Gibisi Yok) aldığı Harunoya Oboro veya Harunoya Usta da isimleri arasındadır. Haiku yazdığı da olmuştur. –ç.n.

suzuri-bano[1] üzerindeki ayın damla damla akarak mürekkebi silip süpürdüğü, göğün coşku ile dolduğu ve akşam yağmurlarının bardaktan boşanırcasına yağdığı bir roman kaleme alsaydım; ayın göz alıcı çehresinin akıllara dahi gelmeyeceği bir eser, hatta inzivaya çekilmiş, doğru ile yanlışın bile anlaşılamayacağı, kuzguni pervasızlığın ardında karanlığa gömüldükleri bir eser olabileceği karşısında buz kesildim. İşte hikâyeme böyle başlıyorum.

Meiji Hinotei[2] Dönemi, yaz başlangıcı

Futabatei Shimei

---

[1] Bir çeşit Japon yazı kutusudur. Bu kutular geleneksel olarak cilalı ahşaptan yapılır ve yazı aletlerini tutmak için kullanılır. –ç.n.

[2] Geleneksel Çin takviminde beş elementle birleştirilmiş on iki adet burcun (hayvanın) altmış dönemindeki yirmi dördüncü burç, alev yaban domuzu. –ç.n.

CİLT 1

FUTABATEİ SHİMEİ

SAVRULAN BULUTLAR

JAPONCA ASLINDAN ÇEVİREN
ZEYNEP EZGİ ZÜMBÜL

TOKYO KLASİK

Japon Klasikleri: 16

Savrulan Bulutlar

Orijinal Adı: 浮雲

Futabatei Shimei

Çeviren: Zeynep Ezgi Zümbül

Yayın Yönetmeni: Gizem Ulaş
Editör: Ömer Karabayır
Sayfa Tasarımı: Vildan Yılmaz
Kapak Tasarımı: Gizem Ulaş

1. Baskı: Mart 2024, İstanbul

Yayınevi Sertifika No: 46270
ISBN: 978-625-94191-0-7

BASKI VE CİLT
MY Matbaacılık San. ve Tic. Ltd. Şti.
Maltepe Mah. Yılanlı Ayazma Sok. No: 8/F Zeytinburnu / İstanbul
Tel: 0212 674 85 28
Matbaa Sertifika No: 47939

TOKYO MANGA
Kitapyolu Basım Yayım Dağıtım Paz. San. ve Tic. Ltd. Şti.
Maltepe Mah. Davutpaşa Cad. Yılanlı Ayazma Sok.
No: 8/2 Örme İş Merkezi, Zeytinburnu / İstanbul
Tel: 0212 640 00 35

BÖLÜM 1
KURNAZ ADAMIN TAVIRLARI

Ekim ayının bitmesine çoktan iki gün kalmıştı. 28 Ekim günü saat on altı civarında Kanda kapısı önünden içeriye açılan, ancak karınca sürüsünün sığabileceği kadar dar bir yoldan küçük örümcekler misali etrafa dağılmış insanlar, hiçbir şeye aldırış etmeden çene çalıyorlardı. Dikkatle bakar ve etraflıca incelerseniz, bu insanlar arasında bile çeşitli birçok karakter olduğunu görürsünüz. Mesela bıyıkları ve sakalları açısından gruplama yapmak istersek; bıyık bırakanlar, favorilerini uzatanlar, keçi sakalı bırakanlar, daha da abartarak Napolyon gibi uzun ve gür bıyık bırakanlar, çene ile dudak arasında kalan kısmı tıraşlayıp favorileri ile sakallarını birleştirenler olduğu gibi, kısa sakallılar, porsuk sakallılar, dikkatle bakılmayınca görülmeyen seyrek sakallılar, çok koyu ya da çok açık renkli bıyığı veya sakalı olanlar gibi her türden insan bulunabilirdi.

Bunların yanı sıra giyim kuşam bakımından da çok farklılardı: Shirokiya'dan alınmış siyah takımları Fransa'dan ithal edilmiş derilerden yapılma ayakkabılar ile kombinlemiş insanlar, ne kadar kötü görünüyor olsalar da burunlarından kıl aldırmayan tiplerdi. Bir süre sonra ceketlerinin sırt kısımları kırışmış olsa da "İskoç" takım elbiseleri içinde gerim gerim gerilir, sığır derisi ayakkabılarının bozulmamış topuk süslerinin, çamurda kuyruğunu sürüyen bir kaplumbağanın kabuğunu andıran pantolonların cazibesinden kaçamamanın acısını hâlâ üzerlerinden atamamış gibi görünürlerdi. Fakat kıvanç dolu "Bıyıklarım da kıyafetim de gayet cafcaflı, daha ne isteyeyim yahu!" tarzındaki ifadeleri, alevlerin ortasında kalmış koru gibi olan kafaları ve cesaretle gerdikleri göğüsleri ile evlerine geri dönerlerdi. Ne imrenilecek insanlardı!

Bu insanların arkasında kalanlar da yer yer beyazlamış saçları, sürekli eğilmekten güçsüz düşmüş belleri olan, boş sefer taslarını sallaya sallaya yürüyenlerdi. Bedenlerinde derman kalmamış olsa da çalışmaya devam ediyor gibilerdi fakat geleneksel kıyafetlerine bakılırsa işleri o kadar da zor olmamalıydı. Öyle olsa bile acınacak hâldelerdi.

Yoldaki insan yoğunluğu azalınca, aynı kapıdan iki genç erkek konuşarak içeri girdi. Biri, yirmi iki yirmi üç yaşlarında, teni solgun ve sağlıksız görünen bir gençti. Hayatından memnunmuş gibi görünmüyordu. Kalınca kaşları ağırbaşlı bir ifade katmıştı yüzüne. Dümdüz inen bir burnu ve çok düzgün olmasa da sıradan olmayan dudakları dışında dikkat çekici bir özelliği yoktu. Bir ezoshi dükkânının[1] önünde ağzı bir karış açık durmasını falan sorun etmediğiniz sürece gideri var diyebileceğiniz bir tipti; sivri çenesi, çıkık elmacık kemikleri vardı, bir deri bir kemik olduğu için yüz hatları sertleşmiş, letafet kırıntısı dahi kalmamıştı. Çirkin denilemezdi, iyi kötü bir çekiciliği vardı işte. Öyle aşırı uzun boylu değildi, çok zayıf olduğundan "Yarım Çan" gibi takma isimler veren insanlar oluyordu. Yıllardır giyilmekten eski püskü olmuş, siyah beyaz desenli İskoç takımını giymiş, örgülü, geniş kenarlı ve siyah keçeden yapılma şapkasını kafasına geçirmişti. Diğer genç, iki üç yaş daha büyük görünüyordu. Orta yapılı, açık tenli, yuvarlak yüzlüydü, dudakları sıradan olmaktan çok uzaktı, kocaman ve parlak gözleri vardı. Oldukça yakışıklı bir gençti ama ifadesi kaba ve samimiyetsizdi; nedendir bilinmez, incelikten yoksun bir erkek gibiydi. Siyah renkli softan yapılma yarım frak, aynı renkte bir

[1] Ezoshi dükkânı: Resimli kitaplar satan Edo Dönemi mağazası. –ed.n.

yelek, çizgili ve asortik yün pantolon giymişti. Giyimine kuşamına önem veren biriydi belli ki. Siyah renkli, yuvarlak bir şapkayı gözlerine kadar indirmişti. Sol eli cebinde, bastonunu sağ eliyle evirip çevirirken uzun boylu gence dönerek konuştu:

"Düşündüğümüz gibi şef bana güveniyorsa, başka şansım kalmıyor. Niye diye sorarsan, kırktan fazla çalışan var; söyleyince fazla gibi duruyor ama çoğu, beli bükülmüş, yaşlı başlı amcalar. Yaşlı olmayanlar da burnunun ucundan ötesini göremeyecek kadar salak! Söyleyeceğim şey garip gelebilir fakat genç olanların arasında orijinal dillerinde kitapları yalayıp yutmuş, evrak işlerini düzgünce halledebilen ve ilerleme kaydedebilen kim var dense, kendimle birlikte birkaç kişiyi daha sayarım, o kadar. Bu yüzden, bana güveniyor olmasında şaşılacak bir durum yok."

"Yamaguchi'ye bir bak; evrak işlerini halletmede onun kadar ilerleme kaydedebilen yoktu muhtemelen. Yine de adamı kovmadılar mı?"

"O mu? Adam aptaldı ki..."

"Nasıl yani?"

"Nasıl mı? Bildiğin süzme salaktı işte. Geçenlerde şefe verdiği cevapları duymadın mı? Çok aptalcaydı."

"Tamamen şefin hatasıydı o. Kendisi o manasız işi yapmalarını söylemişti, buna rağmen hiç işçilere kulak asmadı. Böyle yapmamalıydı!"

"Şefin saçmalamasından da kaynaklanıyor olabilir ama ne şekilde olursa olsun, adama kafa tutmaya kalkışması aptallığın daniskasıydı. Bir düşün hele; Yamaguchi'nin görevi neydi? Birinin emri altında değil miydi? Birinin emri altındayken, verilen görevlerin amacı hiç sorgulanır mı? 'Evet efendim' ya da 'Olur efendim,' der, işine bakarsın, haksız mıyım? Ama Yamaguchi, kafa tutma cüretini göstermeye kalktı..."

"Hayır, öyle dediğin gibi şefe emir verme falan değildi yaptığı. Uyarmaya çalıştı, o kadar."

"Yamaguchi gibi birini mi savunmaya başladın şimdi de? Ahahaha!"

Uzun boylu genç, yanındakine yan yan baktıktan sonra hiçbir şey demeden konuşmayı kesti. Nishikichō'ya döndükten sonra ikinci ara yola yürümüşlerken, orta boylu genç, bir anda olduğu yerde durdu.

"Kovulmanın iyi yanları da var sanırım, ne dersin?"

"Mesela?"

"Kovulduktan sonra sabahtan akşama kadar sevgilinin yanında kalır, gönül eğlendirebilirsin. Ahahaha!"

Uzun boylu genç "Of! Salak saçma konuşmaya başladın iyice!" derken gülümsemesini gizleyemedi. Sonrasında çok da umursamadan, şöyle bir selam vererek tek başına Ogawamachi'ye yöneldi. Yüzündeki çarpık gülümseme gitgide kaybolmaya ve adımları yavaşlamaya başladı. Mahzun kurtçukların yerde sürünmeleri gibi ilerlerken, sonunda iki üç mahalle yol katedebilmişti. Tam o esnada bir anda durup, etrafına şaşkınlıkla bakınarak birkaç adım geri gitti. Ara yollardan birine hiç düşünmeden daldı. Köşedeki üçüncü, tel örgülü dubleks eve varınca içeriye girdi. Sanırım ne olup bittiğini anlayabilmek için onunla birlikte eve girmeliyiz.

Uzun genç koridorda ilerlerken tatami[1] odasının shōjisi[2] yavaşça açıldı. Henüz on sekiz on dokuz yaşlarında gibi görünen genç bir kadın, kafasını uzattı. Düğmeye benzer bir burnu ve bir elma gibi, hem yuvarlak hem de al al yanakları olan bir yüzü vardı. Genç kadının nereli olduğunu, yüzüne bakarak kimse tahmin edemezdi.

Niyeyse dudaklarını yalayarak "Hoş geldin," dedi.

"Yengem nerede?"

"Az önce genç arkadaşı ile bir yerlere gitti."

"Ha, öyle mi?" dedikten sonra uzun genç, koridor boyunca ilerleyip merdivenlerden üst kata çıktı. Bu-

---

[1] Tatami: Geleneksel Japon tarzı odalarda zemine serilen bir minder türü. –ed.n.

[2] Shōji: Geleneksel Japon mimarisinde kapı, pencere veya oda ayırıcı. –ed.n.

rada yaklaşık on metrekarelik küçük bir tatami odası ve odada yaklaşık iki üç metre uzunluğunda bir dolap vardı. Sadece güneye bakan tarafa shōji yapılmıştı, geri kalan yerler duvardı. Nişte asılı duran resmin her köşesini böcekler yemiş, vazodaki birkaç yaprağı kalmış saraypatı solmuştu. Odanın köşesine yerleştirilmiş, oldukça eski görünen bir masa vardı. Bir tarafına içinde yazı fırçası, kalemler, diş fırçası falan bulunan bir kalemlik; öteki tarafına diş macunu ve kırmızı mürekkep kutusu konmuştu. Masanın hemen yanında üzerlerinde küçük kandiller bulunan iki kitaplık duruyordu, altında ise köşeleri kırılmış bir ateşlik ve onun içinde de kullanılmış kibritler vardı. Odada bunların dışında, yere serilmiş bir yorgan, askılıkta duran kimono ve duvardaki çiviye asılmış bir el havlusu vardı. Odaya girip inceleyen herkes, her şeyin eski olduğunu ve artık kullanılmaktan aşındığını fark edebilirdi. Yine de tüm bunlar güzelce yerleştirilmişti.

Uzun genç, kıyafetlerini aheste aheste değiştirdi. Çıkardığı kıyafetleri katlayıp düzenlemeye çalıştı. Yapamayınca oflayıp puflayarak, hepsini dolabın içine tıkıştırıp geçti. Hemen sonra elma yanaklı genç kadın, merdivenlerden gürültüyle çıkarak odaya geldi. Tıknaz, iri yapılı bir kadındı. Balıketinde olmasına rağmen çok güzeldi. Elindeki mektubu uzun gence uzatarak konuştu:

"Az önce postacı getirdi."

Uzun genç, "Nereden gelmiş ki?" diye mırıldanırken mektubu alıp baktı. "Aa, memleketten gelmiş!"

Genç kadın, "Bak, ne diyeceğim: Keşke bugün o genç kadının kıyafetlerini görebilseydin! Sarı renkli, desenli ipek kumaştan kimono giymiş, üstüne de yine desenli ve cafcaflı bir ceket geçirivermişti. Saçlarını her zamanki gibi topuz yapmıştı ama geçen gün Izumoya'dan aldığı tokayı takmıştı bu sefer," diye durmadan konuşurken, elleriyle tokayı tarif etmeye çalıştı. "Bir gül gibiydi. Ah, ne güzeldi öyle! Benim de öyle bir tokam olsun isterdim..."

Bir süre sessiz kaldıktan sonra konuşmaya devam etti:

"Hiç makyaj yapmadığını söylüyor ama bugün sanki hafif bir makyaj yapmış gibiydi. Çünkü yüzü normalden daha beyazdı, ondan öyle diyorum. Ailemin yanında kaldığım zamanlarda ne makyaj yapardım! Ama buraya geldim geleli, yılbaşı hariç hiç yapamadım. Gerçi yapmak istesem yaparım da şu yeni evlenmiş kadın var ya, heh, onun ağzına düşmek istemiyorum hiç. Bir keresinde misafirlerin önünde 'Valla bu kız da makyaj yapsa ya da pudra falan sürse, kömürlerin üzerine düşmüş kırağıya benzer!' demişti... Çok saçmalamamış mı ama? Söylesene, cidden dediği gibi çirkin miyim?"

Sanki karşısında düşmanı duruyormuş gibi bir anda suratı asıldı genç kadının. Uzun genç, kadın konuşurken ara ara mektubu okumaya çalışmıştı ama bir şey anlamayınca da denemekten vazgeçmişti. Rahatsız olmuş bir hâli vardı. Genç kadın soru sorduğu vakit bile yalnızca "Hıhı," der gibi burnundan solumuştu. Genç kadın, dediklerinin dinlenmediğini fark edince öfkeyle yanaklarını şişirdi ve somurtarak odadan çıkıp aşağı indi. Kadın odadan çıkar çıkmaz uzun genç büyük bir rahatlama hissederek, mektubu yerden alıp okumaya başladı:

"Yılın bu zamanlarında gün geçtikçe havalar soğuyor. Umarım hiçbir sıkıntı yaşamıyorsundur, işlerin yolunda gidiyordur. Artık annen yaşlı bir kadın; yüreğim kederle dolu olduğu için saçlarım bembeyaz. Yılsonuna kadar yanına gelemeyeceğimi biliyorum. Ama kavuşacağımız günü iple çekmeden edemiyorum. Kaç gün kaldığını her gün parmaklarımla saymaya çalışıyorum. Umarım günler çabucak geçer de seni görebilirim. Ayın 24'ü, babanın..."

Mektubu okumayı yarıda kesip yere koydu ve kollarını göğsünde kavuşturarak iç çekti.

BÖLÜM 2
TUHAF AŞKIN BAŞLANGICI - 1

Uzun boylu genç diye bahsettiğimiz kişi, Shizuokalı Bunzō Utsumi idi. Babası eski bakufu[1] yönetimi altında çalışmış biriydi. Fakat feodal hükûmet dağılıp monarşinin eski ihtişamını tekrar elde ettiği Meiji Dönemi'nin başlaması ile değişim rüzgârlarına kimse meydan okuyamamıştı. Babası, memleketi Shizuoka'daki evine dönmüş ve bir süre her şeyden elini ayağını çekmiş bir hâlde yaşamıştı: Hiçbir şey yapmadan günlerini geçiriyordu, o kadar. Büyüklerimizin de dediği gibi; çalışmadan yaşarsanız, dağ gibi birikmiş servetiniz eninde sonunda tükenecektir. Öyle de oldu. Zaman geçtikçe, elde avuçta ne varsa eriyip gitmiş, adam dara düşmüştü. Dönemin değişen şartları yüzünden sudan çıkmış ba-

[1] Şogun altındaki yönetim biçimini ifade eder, "çadır yönetimi" anlamına da gelir. –ed.n.

lığa dönmüştü: Kolları kaslı olabilirdi ama alet edevat kullanamıyordu, eski düzen yüzünden her şeyde kusur bulan bir dile sahip olduğundan da bir tezgâhtar gibi kolayca "Olur efendim," falan diyemiyordu. Omzunda bir kantar taşıma düşüncesi de hoşuna gitmiyordu; aile itibarını koruması gerekiyordu. Saydığımız tüm bu nedenler yüzünden, Shizuoka bölgesinde bir iş bulana kadar, asabı bozulmuş bir hâlde çırpınıp durdu. Bulduğu iş düşük maaşlıydı, ailesini dardan kurtaracak bir iş değildi ama tek çocuğu Bunzō'ya okuması için para sağlayabileceğinden büyük bir sevinç duymuş, şükretmişti.

Çocuğun sabah olunca hemen yataktan kalkıp, sefer tasını alarak okul yoluna düşeceği, eve döndüğünde ise çok zaman kaybetmeden, civardaki özel kuruma gidivereceği planlanmıştı; hâliyle Bunzō'ya oyalanabileceği bir zaman verilmemişti. Diğer çocuklar için bu sürece devam etmek çok zor olabilirdi ama Bunzō çalışmaya yatkın olduğundan, onun için pek sorun olmamıştı. Bunzō, yolda yusufçuk böceğini kovalayan arkadaşlarını görünce içinde bir şeyler kıpraşarak aralarına katılmak isterdi ama sonra hevesi kırılmış bir hâlde evin arka kapısından içeri girerdi. Bu, arada sırada başına gelirdi, çok sık yaşadığı bir durum değildi. Zaten zamanının büyük çoğunluğunu derslerine ayırıyordu.

Öğrenmenin keyfine varması çok sürmemişti. Düne kadar eline alıp incelemediği kitapları dahi okuma isteği ile dolmuş, çalışmalarını ilerletmeye başlamıştı. Tek bir kişi bile onu övse, ebeveyni gurur duyar, çocuklarının gelişimi için çabalamaktan yaşlandıklarını unuturlardı. İlkbahar bitip sonbahar geldiğinde, Bunzō on dört yaşındayken başarılı bir şekilde mezun olmuştu. Ailesi epey mutluydu ama çok geçmeden babası nezle olmuş, yatağa düşmüştü. İlaçlar, kocakarı ilaçları, dualar, muskalar gibi insanların iyi geleceğini söylediği her şeyi denemişlerdi. Ama hiçbiri etki etmemiş, adam gün geçtikçe daha da kötüleşmişti. Çok geçmeden, Bunzō hakkında bir şeyler söyledikten hemen sonra son nefesini verdi. Geride kalan eşinin ve çocuğunun acısını hiçbir kelime tarif edemezdi. Dudaklarından "Ölenle ölünmez ya canım!" cümlesi dökülse de gözleri sürekli yaşla doluyordu. En sonunda babanın cesedi, ailenin mensup olduğu Budist tapınağına götürüldü. Cesedin yakıldığı yerin çevresi dumanla sarılmıştı.

Ailede çalışan kişi öldüğünden maddi sıkıntıların pençesine düşmüşlerdi. İlaçların parası, cenaze işlemleri derken elde avuçta ne varsa harcanmıştı. Fakat Bunzō'nun annesi, yüreği pek ve güçlü bir kadındı. Yemek yapmaktan geriye kalan zamanlarında birkaç mintan dikerdi. Gayretli bir şekilde hiç durmadan çalışması ve evin babasının emekli maaşının faizi sayesinde tencerelerinde aş, az da olsa eksik olmazdı. Bunzō, babası hayattayken maddi zorluklar yaşadıklarının farkındaydı ama henüz bir çocuktu ve içinde hep öyle kalacağı hissi vardı. Anne babasına olan sevgisi yüreğinin derinlerine işlemişti. Bu yüzden "Büyüyünce onlar için şöyle böyle şeyler yapacağım!" gibi, yaşına göre büyük şeyler söyleyerek ailesini hüzünlendirirdi. Bir öyle bir böyle derken büyüdü, bu duruma ehemmiyet vermeden günlerini geçirip gitti. Fakat babasının ölümüyle birlikte annesinin sıkıntıya düştüğünü fark edince kalbi paramparça olmuştu. Hayatında ilk defa dünyadaki kederin, acıların ve endişelerin tuzlu tadına varmıştı, bir hülyadan uyandırılmış gibi hissetmişti. "Bundan böyle bir yerde çalışmaya başlayacağım," diye düşündüyse de annesine yardımcı olamayacağının farkına varmıştı. Duyduğu suçluluğu annesine açmaya karar verip ona danışmıştı. Hayatta bir kapı kapansa da başka bir kapı açılır; Bunzō'nun Tokyo'da yaşayan amcası onu yanına almayı teklif etmişti. 1878 yılında, Bunzō on beş yaşındayken gözyaşları içerisinde memleketi Shizuoka'dan ayrılarak Tokyo'ya taşındı.

Magobē Sonoda, Bunzō'nun ölen babasının kardeşiydi. İyiliksever ve hâlden anlayan biriydi. Hatta dürüst ve namuslu biri olduğundan insanlar onu çok severdi ama maalesef çok hassas, kırılgan bir karaktere sahipti. Meiji Restorasyonu'ndan sonra yeni cephaneliği yazı fırçası ve mürekkebi olmuştu. Tüm gün soroban[1] ile hesaplamalar yapardı fakat alışık olmadığı bir hayatın içine karışmak zorunda kaldığından, çok bir şey kazanmasa da harcamış durmuştu. Sonuç olarak da ne yapacağını bilemez bir hâlde borç bataklığına sürüklenmişti. Böyle bir şeyin başına geleceğini hesap edememiş olsa da zamanla işleri yoluna koymayı başardı. Az da olsa bir para kaynağı sağladı; arsa aldı, insanlara küçük meblağlarda borçlar verdi. Tokyo'dan ev almış, Yokohama'daki bir çayevinin müdürü olmuştu. Çok zengin olduğu söylenemezdi ama rahat bir hayat sürüyordu.

Bunzō'nun amcası Tokyo'da değilken evle ilgilenen karısı Omasa, adamın ikinci karısıydı. Omasa köklü bir samuray ailesinden geldiğini söylemişti fakat bu konu biraz şaibeliydi. Ama ne olursa olsun Omasa'nın gözünden bir şey kaçmazdı, ayrıca Omasa kendisiyle çok övünmezdi. Hatta arazi kiralarını toplamak için çabalayacak kadar ailesine düşkündü, tedbiri elden bıraktığı

[1] Soroban, Japoncada abaküs demektir. Hesap makinesinin atası sayılan abaküsün Japonya'da kullanılan modeli olan soroban, toplama ve çıkarma gibi aritmetik işlemlerin yapılmasında kullanılan, rakamlar yerine boncuk benzeri nesnelerden yararlanılan bir hesaplama aracıdır. –ç.n.

görülmemişti. Çok alkol içmesi, sadakatsizliği ve dikiş iğnesi kullanmasını gerektiren her işten nefret etmesi dışında hiçbir kusuru yoktu. Aslına bakarsak, çok dile getirilmese de herkesin yaptığı gibi Omasa'nın komşuları "O kadın, iffetsiz bir iblisin reenkarnasyonu değil de ne? Haksız mıyım?" diye diye tıpkı bir karaltı gibi kadının üstüne çökmüş, onu parmaklarında oynatıp durmuşlardı. Bunzō'nun amcası ve Omasa'nın iki çocuğu vardı. Büyük kızları Osei, o zamanlarda henüz on iki yaşında gencecik bir çocuktu. Oğulları Isami ise sümüklerini kıyafetinin koluna silen küçük bir şeytandı. (Bunun sebebi aslında okul için yurtta kalmaya zorlanması olabilir.) Artık ailenin bir ferdi olan Bunzō, yengesi ile daha iyi geçinebilseydi hiçbir sorun olmayacaktı fakat genç çocuk, başkalarına yağcılık yapabilecek bir durumda değildi. Bunzō içten içe, yengesini memnun etmek için sadık olmak ve yengesi kendi annesiymiş gibi düşünmek istiyordu fakat Omasa sürekli "Aptal!" der, çocuğa kaşlarını çatarak bakardı. Bunzō böyle zamanlarda sürekli, ailesinin yaşadığı zorlukları zihnine getirir, olan biten her şeye dayanmaya çalışırdı. Bazen ağladığında kendi kendini azarlar, sabretmek için kendini zorlardı. Evdeki ayak işlerinden arta kalan zamanlarında mahalledeki özel kurumun derslerine katılıyordu, bir süre boyunca keder dolu günler, aylar yaşamaya devam etti. Fakat bir gün, özel bir okulun sınav için öğrenci kayıtları aldığını görüp ne olduğunu sorduğunda, burs verileceğini öğrendi. Bunzō "Denemekten zarar gelmez," diyerek sınava girdi. Şans bu sefer yüzüne güldü, sınavı başarıyla geçti. Bir yurda yerleşecek ve burs alacaktı.

"Daha düne kadar amcamın evinde," dedi Bunzō, yaşadığı sıkıntıları düşünerek kendi kendine konuşmaya devam etti: "Sığıntı gibi perişan bir hayat yaşamak zorundaydım. Yengem, o eve girdiğim günden beri it gibi çalıştırdı beni... Ama şimdi bambaşka bir yerdeyim! Ayaklarıma bağ olacak hiçbir şey yok, dilediğim gibi çalışabilirim!" Bunzō o kadar mutluydu ki sevinçten dans edebilirdi. Fakat öğrenci olsa da hayat hâlâ keder doluydu.

Daha ilk günlerden diğer çocuklarla arasındaki fark yüzüne tokat gibi vurmuştu. Onu şımartacak ve tüm istediklerini yapacak bir ailesi yoktu, ona harçlık verecek kimse yoktu. Alışageldiği gibi kendisini tamamen derslerine gömdü. Yoksul annesini rahata kavuşturabilmek ve amcasına olan borcunu okulda başarılı olarak ödemek için büyük bir arzu duyuyordu. Kısa bir sürede sıkı çalışmalarının meyvesini almaya başladı. Her sınavda ya birinci ya da ikinci oldu, asla ikinci sıradan aşağı düşmedi. Öğretmenlerinin gurur kaynağıydı. Hâl böyle olunca diğerleri onu kıskanmaya başladı. Müsriflik ve tembellik dışında başka hiçbir şeye kafası basmayan öğrenciler, inatçı kıskançlığın, boyun eğmez hasetliğin pençelerinde birbirlerini yiyip bitiriyorlardı. Fakat Bunzō, onların hiçbirine aldırış etmedi. Yıllarca çalışıp kendisini geliştirdikten sonra nihayet, çok istediği diplomasını aldı. Devlet dairesinde işe girene kadar tekrar amcasının evinde misafir olarak kalmakta bir sorun görmedi. Her ne şekilde olursa olsun ara vermeden iş aradı durdu.

Bunzō kolaylıkla bir iş bulacağından emindi ama ne yazık ki o sırada hiçbir açık pozisyon yoktu ve herhangi bir fırsatın ortaya çıkması için, hiç istemese de altı ay beklemek zorunda kaldı. Bu sürede yengesi gittikçe hırçınlaştı: İlk zamanlar daha sakindi, sadece hoşnut olmadığını belli edercesine homurdanırdı, Bunzō için bu durum iyi bir şeydi ama zamanla homurdanmaları arttı, tavırları daha aşağılayıcı bir hâl aldı. Bu hâli gerçekten de Bunzō'nun şimdiye kadar maruz kaldığı her şeyden daha kötüydü. Bir müddet her şey iyiymiş gibi davranmaya çalışsa da artık katlanamaz olmuştu. Fakat "Bunların hepsi kendi bencilliğinden kaynaklanıyor," diye sürekli kendisine telkinler vererek sabretmeye devam etti. Sonunda, tanıdığı birinin yardımıyla geçici bir devlet memurluğu işi buldu. Mutluluktan resmen göklere uçmuştu ama niyeyse işe başladığında kendini biraz huzursuz hissetti. İlk gün kendisine kontrol etmesi için bir belge verildi. Masasına yerleştiğinde odayı inceledi. Etrafında her türlü işle uğraşan adamlar vardı: İşlerin yoğunluğundan, masayla bütünleşircesine kafasını eğerek durmadan yazı yazanlar; bir maymunun başka maymunun üstünde pire araması gibi kılı kırk yaran kontrolcüler; yazı fırçalarını dişleri arasında tutarak hesap defterlerinin sayfalarını karıştırıp, çok meşgullermiş havası yaratmaya çalışanlar... Bu insanların arasında Bunzō'nun hemen karşısında oturan, kaşları çatık adam, zaman kaybetmemek için gözlerini bile kırpmadan sürekli soroban ile hesaplamalar yapıyordu. Bu adam elli yaşlarında var ya da yoktu. Sorobanın boncuklarındaki parmakları aniden durdu.

"Hay! Altı ile beşi çarpınca yetmiş iki... Yok, yok! Altı çarpı beş şeydi..." Tüm dünyanın kaderi buna bağlıymış gibi kendi kendine söyleniyordu. Endişe dolu yüzünü hafifçe sallayarak kaldırdığında ağzı bir karış açıktı. Gözlüklerinin üstünden hiç kıpırdamadan Bunzō'nun yüzüne bakarken, sesi titreyerek "Seksen iki miydi ya?" dedi. Hemen ardından tüm dikkatini yine boncuklarına verdi. Çok garip bir andı, Bunzō gülümsemesini tutamadı. Ama olayı tekrar düşününce, o adamdan pek de farklı bir durumda olmadığının ayırdına vardı.

"Vay hâlime! Böyle aptal bir işe girmek için mi büyük bir sebatla, gözüme bir damla uyku girmeden çalıştım durdum?" düşüncesi kalbini parçaladı. Derin bir iç çekerek, bir süre hiçbir şey düşünmeden öylece oturdu. Sonra "Hayır, hiçbiri boşuna değildi," diyerek, kendini toparlayıp çalışmaya döndü. İlk birkaç gün, yaşlı adamı ne zaman görse tekrar o duygulara kapılıp iç çekti ama günler geçtikçe o da sanki bir eşiği geçmiş gibi oldu; acısı yok olmaya yüz tutmuştu.

İşe girdikten sonra her ay annesine para göndermeye başladı. Yaşlı kadın, oğluyla iftihar ediyordu. Bunzō, amcasına olan borcunu aylık taksitler hâlinde ödemeye başlayınca yengesi de ona karşı daha nazik davranır oldu. Aynı yılın sonunda terfi ederek kadrolu işçi oldu. Geçen yıl yaz aylarında, çok uzun bir süre sonra memleketine ziyarete gitti. Hayatındaki sevinçli olaylar katlanıyor gibiydi. Alnındaki kırışıklıklar kaybolmuştu ve hayatının daha iyiye doğru değiştiğini hissetmişti.

Kalpleri eriten aşk hikâyesini anlatmaya başlamadan önce Magobē'nin kızı Osei'nin hayatına da şöyle kısaca bir göz atalım:

Magobē, çocuklarını el üstünde tutan bir baba, Omasa ise başkalarına karşı kaba olmasına rağmen çocuklarında hiçbir yanlış göremeyen bir anneydi. Ebeveyni böyle olunca Osei, hayatı boyunca ipekle sarılmış bir mücevher gibi sevilmiş, bir dediği iki edilmemişti. Herkesin de kendisine bu şekilde davranacağını düşünürdü; çok şımarık birine dönüşmüştü. Himotoki töreninden[1] sonra babasının isteği ile ilkokula başlamış, annesinin isteği ile de Kiyomoto[2] dersleri almıştı. Doğuştan zeki olan Osei, her şeyi çabucak kavrardı. Annesine göre hem okul ödevlerinde hem de müzik derslerinde bir dâhiydi. Omasa, kızını sormayan insanlara bile onu abartılı bir şekilde övmekten geri durmazdı. O dönemde bir devlet memuru, eşi ve kızı ile yandaki eve taşındı. Zaman geçtikçe iki aile, az çok muhabbet etmeye başladı. Ebeveynler birbirlerini daha iyi tanıdıkça, kızlar yakın arkadaş oldular ve neredeyse her gün birbirlerini ziyaret etmeye başladılar. Komşunun kızı, Osei'den iki ya da üç yaş büyüktü. Nazik, hanım hanımcık bir kızdı. Belki de babası Konfüçyüsçü olduğu içindir, bilinmez ama henüz çocuk olsa da derslerini çok seviyordu ve okulda hayli başarılıydı. Küçükken insanları taklit eden, onların her şeyini özümseyen ve

---

[1] Kız (7) ve erkek (5) çocuklarının, ilk kez yetişkinlerinde giyecekleri geleneksel kıyafetler (kimono ve obi) için yapılan giyme töreni. –ç.n.

[2] 19. yüzyılın başlarına dayanan, shamisen eşliğinde şarkı söyleme tekniğidir. Kabuki tiyatrolarındaki aşk sahnelerinde sık sık bu tekniğe başvurulmaktadır. –ç.n.

büyüyünce bile bu davranışından vazgeçmemiş olan Osei, çok patavatsız biriydi. Öyle bir karaktere sahip olduğundan, hemen yeni arkadaşının etkisi altına girdi; onun hareketlerini, davranışlarını, hatta bir şeyler söyleme şeklini taklit etti. Hiç düşünmeden shamisenini[1] bir kenara fırlatarak, masasının üzerine tavus kuşu tüyünden divit bir kalem yerleştirdi. Annesi Omasa, okul ödevi yapması için yere oturduğunu düşünmekten hiç hazzetmezdi ama sevgili kızı, neyi nasıl istiyorsa yapardı; Omasa, kızının işlerine burnunu sokmazdı. Osei ilkokuldan mezun olurken komşunun kızı da Shiba'da özel bir okula kaydolmuştu. Elbette Osei de aynı okula gitmek istemiş, kaydının yapılmasını dört gözle bekler olmuştu. Her ne pahasına olursa olsun o okula gitmek için ebeveyninin başının etini yiyordu, uykusunda bile durmadan bunun hakkında konuşuyordu. Fakat ailesi, henüz yaşı küçük olduğu için savunmasız olduğunu ve o tarz bir okula gitmesinin söz konusu dahi olmadığını söylemiş, hatta onu azarlamışlardı. Bunun üzerine Osei hiçbir şey yememeye başladı ve "O okula gidemeyeceksem yaşamamın bir anlamı yok!" diye dövündü durdu. Onu o hâlde görünce ailesi daha fazla dayanamayıp "Madem bu kadar çok istiyorsun," diyerek, Osei'nin okula kaydolmasına izin verdi. Osei'yi komşunun

[1] Shamisen: Üç telli bir Japon çalgısı. –ed.n.

kızına emanet etmişlerdi ama içlerindeki huzursuzluk kaybolmuyordu. Bu olay iki yıl önce yaşanmıştı.

Osei'nin okulunun müdiresi, başkalarından öğrendiklerini sanki kendi fikriymiş gibi gösteren kibirli bir kadındı. Hiçbir şeyin kıymetini bilmezdi; bir iyilik yapılsa asla umurunda olmazdı ama yapılan hiçbir kötülüğü de unutmazdı. Hoşlanmadığı biriyle karşılaştığında muhakkak bir şekilde laf sokardı. Ailesine çekinmeden ağzına geleni söyleyen biri olmasına rağmen diğer herkese süt dökmüş kedi kesilen Osei, kibirli müdiresine yalakalıklar yaparak kadının gözüne girmişti. Çenesi düşük olduğundan müdirenin karakterinden çok çabuk etkilendi, kimse onu tanıyamaz olmuştu. Çok geçmeden komşunun kızıyla arkadaşlık etmeyi de kesti.

İngilizce dersleri başladıktan sonra işler çığırından çıktı: Fanila giymeyi bırakıp atlet giymeye başlamış, geleneksel saç modelini değiştirmiş, boynuna fular bağlar olmuştu. Yüzünün güzelliğini gizleyen gözlükler bile takmıştı. Yalnızca kendisi beğeniyordu bu yeni imajını, diğer herkes için gülünç bir duruma düşmüştü.

Geçtiğimiz yılın sonunda müdire başka bir yerde öğretmen olarak iş bulup okuldan ayrıldı. Müdire gidince yardakçısı olan öğrencileri de birer birer okuldan ayrılmaya başladı. Niyeyse Osei de bir anda evini özler olmuştu. Acaba Osei için bu, dile getirilmesi zor bir şey miydi de Çin tarihi ve Çince çalışmalarının büyük bir kısmını tamamladığını, bu yüzden eve döndüğünü söylemişti? Bu bahar sonunda evine dönmüştü.

Önceden de bahsetmiştik: Bunzō Tokyo'ya geldiği zamanlarda Osei henüz on iki yaşında bir çocuktu. Hâlâ küçüklerin taktığı ince obilerden[1] takıyordu, henüz pek olgunlaşamamıştı. Başlarda kuzenine karşı çok utangaçtı, belki de Omasa'nın, ziyaretçilere şakayla karışık "Bu genç de Osei'nin müstakbel kocası," dediğinde bunu kastetmiş olabileceğini düşündüğü için utanıyor olabilirdi. Ancak çocuklar böyle şeyleri çabuk atlatır; çok geçmeden şekerlerini aralarında bölüşmeye başlamış, yakınlaşmışlardı.

Bunzō okula kaydolduktan sonra Osei ile birbirlerini nadiren görmüşler, birlikte yarım gün bile geçirememeye başlamışlardı. Bu sömestir tatilinde Osei eve döndüğünde on gün kadar birlikte zaman geçirebilmişlerdi. Fakat çocukken geçirdikleri zamandan çok farklıydı; Bunzō bile büyüdükçe daha mesafeli davranmaya başlamış, hatta hiç, samimi bir şekilde konuşmamıştı. Yine de Osei okula döndüğünde Bunzō, ilk birkaç gün, eski bir arkadaşını kaybetmiş gibi harap olmuştu. Olmasına

[1] Obi: Geleneksel Japon kıyafetleri için kullanılan bir kuşak. –ed.n.

olmuştu da kısa bir süre sonra genç kızı yine unuttu ama şimdi yeniden aynı evde birliktelerdi.

Osei'nin kendisi ile samimi bir şekilde konuşmaya devam ettiğini görünce çok sevinmiş, kalbi hızlanmıştı. Artık tek olmadığından, böyle hissetmesi pek şaşılacak bir durum değildi. Asıl mesele, Osei ile yan yana oturduğunda Bunzō'yu ele geçiren duygulardı: Saçma davrandığını düşünüp hemen tavırlarını değiştiriyor, kambur sırtını dikleştiriyor, boynunu düzeltiyor ve farklı, tuhaf bir görünüme bürünüyordu. Dikkati dağılıyor ve konsantre olmakta zorlanıyordu. Etrafı bir sisle sarılmış gibi gerçeklikten kopuyordu. Yalnızca bir şeyi tüm engellere rağmen görebiliyordu fakat bu duygularını adlandırabilmesi onun için çok zordu.

Yaz aylarının ilk günleri Bunzō'ya Osei'ye İngilizce öğretmesi için bir talepte bulunulmuştu. Bir süre sonra Bunzō, Osei ile biraz daha samimi şekilde konuşabilmeye başlamıştı: Japon kadınlarının vaziyetlerini, Batı tarzı saç modellerinin artı ve eksi yönlerini ya da kadınlarla erkekler arasındaki sosyal ilişkileri tartışırlardı. Garip bir şekilde Osei, kuzeninin bir erkek olduğunu hiç düşünmeden gelişigüzel cevaplar verirdi. Ancak zaman geçtikçe, Bunzō ile diyalogları sırasında daha az konuşur olmuş, dikkatini kuzenine vermeye başlamıştı ve artık çok daha zarif, kadınsı görünüyordu.

Bir gün Bunzō, Osei'nin alışılmadık bir biçimde gözlüklerini ve fularını takmadığını fark etti. Ona nedenini sorduğunda, Osei "'Sağlıklı ve sıhhatlisin, sana zarar verebilirler,' demiştin ya," diye cevap verdi. Bunzō farkında olmayarak gülümsedi ve "İyi yapmışsın," dedi.

Osei gittikçe olgunlaşırken Bunzō huzursuzlanıyordu. İşe gittiğinde sürekli Osei'yi düşünüyor, mütemadiyen saati kontrol ediyordu. Eve döner dönmez Osei'yi görmek istiyor, göremediğinde büyük bir hayal kırıklığına uğruyordu. "Ona karşı duygular besliyor olabilir miyim?" diye şüphelenmeye başlamıştı. Bunu düşünmek bile yüzünün kızarmasına neden oluyordu.

Osei'nin eve döndüğü ilk günden beri, kendisi farkında olmasa bile Bunzō'nun kalbinde yeşeren duygular vardı. Bu duygular ilk başlarda çok küçüktü, hâliyle genç adamı rahatsız edecek kadar yer kaplamıyordu. Ancak duyguları kıpırdanmaya başladığında, sanki dünya tek bir yere dolmuş gibi, sanki cennete uçuyormuş gibi hissetti. Tıpkı bir bahar günü hoş kokulu çiçekler ve tazecik yapraklar arasında uzanmak, derin bir nefes almak, yarı uyanık yarı uykulu bir hâlde uyuklamak ve giderek uzaklaşan bir sineğin vızıltısını duymak gibiydi... Kelimelerle anlatılamayacak kadar latif bir histi. Çok geçmeden bu duygular büyüdü, güçlendi. Bunzō, Osei'ye âşık olduğundan şüphelenmeye başladığında duyguları da devasa boyutlara ulaşmıştı. Hatta çiftleşmek isteyen yılanlar gibi genç adamın göğsünde sürünüyorlardı. Eğer ilişkileri samimiyetten uzaklaşırsa, beslenebilecekleri "umut" kalmayacağından yılanlar açlıktan ölebilirdi. Fasulyelerin yağmur yağmazsa kurumaya yüz tuttuğu gibi, yılanlar da yarı ölü bir hâlde bu kedere katlanmaya çalışıyor, telaşla etrafta kıvrılıp duruyordu.

İlk zamanlar gerçekten neşe dolulardı ama sonra Bunzō bile kederlenmişti. Göz ucuyla yengesinin yüzüne baktı; kadın, genç adamın ne düşündüğünü bilmesine rağmen göz yumuyor gibiydi. Bunzō sürekli "Eğer gerçekten göz yumuyorsa, izin vermiş mi yani? İtiraf etsem..." diye düşünüyordu ama hemen sonra kendi kendine "Saçmalıyorum ben de! Öyle bodoslama dalarsam Osei hiç cevap vermez," diyerek dizginlerini yine eline alıyordu. "Yosunların arasında yaşayan bir böcek gibiyim, acınacak bir hâldeyim..."

Bunzō bir süre daha kederin nefesini ensesinde hissederek yaşadı. O yüzden zamanı biraz ileri alarak hikâyeye devam edelim.

BÖLÜM 3
TUHAF AŞKIN BAŞLANGICI – 2

Bir yaz akşamı Bunzō yürüyüşten döndüğünde, yengesinin bir iş için dışarı çıktığını ve henüz dönmediğini gördü. Hizmetçi kadın Onabe bile hamama gittiğinden evde yoktu. Sadece Osei'nin odasının ışığı yanıyordu. Bunzō hiç düşünmeden, üst kata ulaşmak için merdivenleri ikişer üçer çıkmaya başlamışken zınk diye durdu. Aklına bir şey gelmiş gibi merdivenlerden inmeye başladı ama tekrar durdu. Kafasında bir şeyleri ölçüp biçerken yeniden inmeye devam etti... Birden silkelenip kendine geldi, tam üst kata çıkmaya başlayacaktı ki Osei odasından seslendi:

"Kimsin?"

Bunzō "Ben," diye cevaplarken başını öne eğdi.

"Aaa, ben de kim diye düşünüyordum! Bunzō, senmişsin... Odada kimse yok, gel de az sohbet edelim. Olur mu?"

"Şey, sağ ol ama sonra konuşsak?"

"Bir şey mi oldu?"

"Yok, bir şey olmadı da…"

"Eh, o zaman gel işte, n'olacak?"

Bunzō bir süre tereddüt etse de sonunda kapının önüne geçerek, Osei'nin odasına girmeden durdu.

"İçeri girmeyecek misin?"

"Şey…"

Bunzō hâlâ kapının önünde ayakta dikiliyordu. Girsem mi girmesem mi diye tereddüt ettiği belliydi.

"Niye bu akşam böyle pısırıksın?"

"Yani, odada teksin. Biraz…"

"Daha neler! Hiç senlik bir davranış değil bu… Bir gün 'Cesaretsiz olursan ilkelerin doğrultusunda hiçbir şey başaramazsın,' demişti biri, kimdi ya o?" derken Osei başını yana eğmiş, alaycı bir tavırla gülümsüyordu. Gönlü genç kadının gülümsemesiyle çelinen Bunzō, odaya girip oturdu.

"Bunun üzerine söyleyebilecek bir lafım yok fakat…"

Osei yelpazeyi uzatarak "Kullanacak mısın?" diye teklifini sundu. Sonra "Fakat canını sıkan ne?" diye sordu.

"İnsanların atıp tutması sinek vızıltısı gibi rahatsız edici."

"Değil mi? Her türlü, edecek bir laf bulurlar valla. Öte yandan, ne söylenirse söylensin, başkasına zarar verecek bir şey yapmadığın sürece bir önemi yok. Neyse işte, yüzyıllardır süregelen âdetleri çiğneyince, az da olsa sıkıntı çekmek kaçınılmaz oluyor."

"Öyle tabii. Ama hakkımda dedikodu yapıldığı kulağıma çalınınca gıcık oluyorum!"

"Ben de öyleyim. Geçenlerde Onabe haddini aşarak hakkımda absürt absürt konuştu. Asabımı bozdu böyle yaparak. Kafasının basacağına ihtimal vermedim ama kadın erkek ilişkileri hakkındaki bir makaleyi anlatmaya çalıştım. Ne dese beğenirsin? Dediklerimin hepsi Çince gibi geliyormuş kulağa, hiçbir şey anlamamış! Gerçi hiç eğitim almamış biri, ne beklersin ki... Haksız mıyım?"

"Ahaha, ilahi! Komik biri sahiden. Sadece Onabe değil, annen de..."

"Annem mi? Bayağı biri olduğundan sürekli absürt şeyler söyler durur zaten. Her seferinde laf sokup duruyorum. Azıcık utanır gibi oldu, şu sıralar pek öyle şeyler demiyor."

"Sataşır mıydı? Ne diyordu?"

"Mesela böyle yakınlaşmaya devam edersek, seninle..." Osei çekinerek duraksadı. "Evlenirmişiz falan demişti..."

Osei konuşmasını bitirince Bunzō küçük dilini yutmuş gibi genç kadının yüzüne bakakaldı. Osei ise hiçbir şey olmamış gibi sakin bir şekilde devam etti:

"Sorun sadece eğitim almamış insanlar değil aslında. Arkadaşlarıma falan ilim irfan sahibi denilemez, tipik bir eğitim almışlar, o kadar. Batı'nın ilkelerini özümseyebilen, yirmi beş kişi içerisinde dört kişi bile değildir. Onlar dahi sadece okulda bu ilkeleri özümserler. Sınıftan dışarı çıkıverince, mesela durmadan konuşan ama icraata gelince fos çıkan ailelerinin yanına gidiverince despotluklarına boyun eğer, onların bulduğu erkeklere gelin giderler. Bu yüzden şimdiye kadar bu konularda fikrini belirtebilen, konuşan tek kişinin ben olduğumu düşünüyordum. Boş ümitler peşinde koştuğumu hisseder, cesaretim kırılırdı. Tam o sırada kader karşıma seni çıkardı, benim için büyük bir nimet bu!"

Bunzō yüzünü hafifçe yere eğerek cevap verdi:

"Öve öve bitiremedin... Yine de teşekkür ederim."

"Aaa, ne övgüsü! Gerçekleri söylüyorum sana."

"Sahiden böyle düşünüyorsan ne mutlu bana! Fakat yakın arkadaş olabilmemiz pek mümkün değil..."

"Niye ki? Neden yakın arkadaş olamayacakmışız?"

"Çünkü birbirimizi anlamıyoruz, yakın arkadaş olamayız bu yüzden."

"Öyle mi? Seni anlayabildiğimi düşünüyorum açıkçası. Kendini geliştiren birisin, dürüstsün, annene gözün gibi bakıyorsun..."

"Beni anlamadığın ortada: Annemi çok sevdiğimi söylüyorsun ama öyle değil. Annemden çok... Ondan daha fazla değer verdiğim biri var."

Konuşmasını kekeleyerek bitiren Bunzō bakışlarını yere indirdi. Osei merakla kuzeninin yüzüne baktı ve cevap verdi:

"Daha fazla değer verdiğin biri... Annenden daha fazla... Benim de ailemden daha fazla değer verdiğim bir şey var."

Bunzō utançla eğdiği başını onaylamak istercesine salladı.

"Senin de mi?"

"Evet, var."

"Ki-kim?"

"Bir insan değil ya, hakikate değer veriyorum."

"Hakikat, demek..."

Bunzō endişeyle dudaklarını ısırmaya başladı. Bir müddet hiçbir şey söyleyemedi, sonra derin bir iç çekerek konuşmaya başladı:

"Ne kadar saf ve masumsun... Aileden daha çok hakikate değer vermek... Çok masumane... Gel gör ki duygular çok garip şeyler; insanın aklını başından alıp aptallaştırır, hem ağlatır hem güldürür, ya gönlünü hoş tutarak ya da itip kakarak insanla oyuncak gibi oynar dururlar. Duyguların elinde oyuncak olduğunu az çok fark ettiğinde kontrolü çoktan kaybetmiş olursun, elinden bir şey gelmez. Ben..."

Bir süre diyeceklerini düşündükten sonra heyecanla devam etti:

"Umudumu kesemiyorum... Ne yaşanırsa yaşansın havlu atıp kenara çekilemem... Osei, saflığını ve masumiyetini koruduğun için bu dediklerimi anlamakta zorlanabilirsin ama hakikatten de çok... Hakikatten de çok değer veriyorum o kişiye. Geçen yılın sonlarından beri, altı aydır ona olan duygularımın tesirindeyim. Ne uyurken ne de uyanıkken aklımdan çıkıyor. Ölsem dahi bu duygular yüreğimi yakmaya devam edecek. Ama o beni anlamıyor, duygularımı görmüyor. Taş kalpli olsa belki umudumdan vazgeçebilirdim ama..."

Genç adamın sesi sonlara doğru anlaşılması güç bir hâl almaya başladı:

"Hiç düşünmeden yakın arkadaşı olduğumu söylediğini duyunca... Kalbim parçalandı..."

"Aya bak! Bambuların arasından yükseliyor gibi, baksana!"

Bahçenin bir köşesine dikilmiş on kadar bambunun yaprakları arasından yükselmiş ay göze çarpıyordu. Tsukuyomi'nin[1] kudretinin haddi hesabı yoktu. Gökte ne bir bulut ne de buluta benzetilebilecek bir karal-

[1] Tsukiyomi olarak da bilinen ay tanrısıdır. –ç.n.

tı vardı; yalnızca ay, tüm gücüyle parıldıyordu. Ve bu afili parıltılar tıpkı bir yağmur damlası gibi yeryüzüne düşüyordu. Ay ışığı, evlerin arasındaki, bambudan yapılmış çitlerin yolunu kesmesine aldırmadan bahçenin yarısını yavaşça ilerleyip verandayı geçmiş ve tatami odasına dolmuştu. Ufak bahçedeki suya yansıyan ışık, altın renkli minik dalgalar oluşturuyor; ışıltılar kendisine vurunca rüzgâr çanı, sesler çıkarıyordu. İki gencin gölgeleri birbirine sokulurken odadaki tek lamba, görevini aya teslim etmişti. Nihayet ay ışığı duvara kadar çıkabilmişti. Ne zaman hafifçe esen rüzgâr ıslık çalarak ortaya çıksa, çitlere kadar uzanan mehtap sefası gölgeleri bir dansçı kostümünün yenleri gibi dalgalanmaya başlıyor, zambak yapraklarında asılı kalmış çiy damlaları bir anda ateş böceklerine dönüşerek uçup gidiyordu. Ağaçların arasından esen rüzgârın çıkardığı hışırtılarla birlikte gençlerin kalbinde heyecan uyanmıştı. Bir süre sonra rüzgâr dindiğinde her şey sessizliğe gömülse de çevrenin sessizliğine karışan böcek sesleri seçilebiliyordu. Gözleri okşayan bu manzaranın insanın içine işleyen bir güzelliği vardı. Gerçi düşüncelerle zihinleri tırmalanan iki genç de bir kez olsun bu güzelliğin tadını çıkaramamıştı.

Osei sersem sersem "Ne güzel," deyip hafifçe gülümsedi. Bakışlarını göğe kaldırmış, ayın güzelliğine kapılmış gibi davranıyordu. Bunzō, genç kadının yüzünü gizli kapaklı bir iş çeviriyormuş edasıyla seyretti. Çehresi her zamankinden farklı bir güzelliğe sahip değildi ama ay ışığı vuran solgun oval yüzü, yelpaze ile cebelleşerek yanaklarına düşen saçları olağanüstüydü ve Bunzō'nun yüreğini hoplatıyordu. Bir müddet Osei'yi izlemeye devam etti. Çok geçmeden o etkileyici yüz yavaşça genç adama döndü. Osei kocaman ve parlak gözleri ile etrafı süzerken iki gencin bakışları buluşuverdi. Genç kadın cilveli bir gülümsemenin yerleştiği dudaklarını, zarif parmakları arasında tuttuğu yelpaze ile gizledi; utanmıştı. Bunzō'nun gözleri sabırsızlıkla parıldadı.

Titrek bir sesle "Osei," dedi.

Osei fısıldarcasına "Efendim?" diye cevap verdi ona.

"Osei, sen fazla... Çok... İnsafsızsın. Ben çok..." derken bir anda durup elleri ile yüzünü kapadı Bunzō. Duygularını net bir şekilde ifade edebilmek istemişti. Duvara yansıyan gölgesi ürkmüş gibi titredi. Şimdi tek bir kelime... Yalnızca bir kelime ile aşılabilecek bir bariyer vardı aralarında. Eğer bu bariyerin ötesine geçebilse, evliliğe uzanan bir ilişki onu bekliyor olabilirdi. Ruhuna ilmek ilmek işlenen bu genç kadını sevmeye başladığı andan beri tüm gün, tüm gece yalnızca onun çehresini düşlüyordu. Onu kalbinden söküp atamıyor, aşkını dile getirebilir mi, bilmiyordu. Bir başına kara kara düşünüyor, kederleniyordu. Tek bir kelime bile olsa bir şeyler diyebilseydi... Kısaca bahsedebilseydi... Yüreğini açabilseydi... Fakat dudakları birbirine mıhlanmıştı, tek kelime edemedi. Tam o esnada, tel örgülü kapının açılırken çıkardığı gürültülü ses işitildi. Bunzō ve Osei şaşkınlıkla birbirlerine baktılar. Genç adam tereddüt etmeden ayağa kalkıp, sürüklenircesine odadan çıktı. O gece bir daha konuşma fırsatı yakalayamadılar.

Ertesi sabah tekrar karşılaştılar. Osei'ye göre daha huysuz olan Bunzō'nun ağzını bıçak açmıyordu. O yaz Bunzō'nun, iş yeri çok yoğun olduğu için yaz tatili izni yoktu, Bunzō durmadan çalışıyordu. On iki gibi eve döndü. Küçük tatami odasında yemeğini yiyip hemen üst kattaki odasına çıktı.

Osei "Amma da sıcak!" diyerek merdivenleri paldır küldür çıktı. Bunzō'ya İngilizcede anlayamadığı birkaç şey hakkında soru sordu. Sorularının cevabını alsa bile hemen odadan gitmedi, yapacak başka bir şeyi yoktu ama çekinerek de olsa bıldırcın gibi etrafta döndü durdu. Çok geçmeden, eline aldığı kalemle oynar gibi yaparak "Dün gece neyin vardı?" diye sordu ama bir cevap alamadı. "İnsafsız olduğumu falan söyledin, oldukça sinirliydin. Ne ima etmeye çalıştın?"

Bakışlarını kalemden kaldırarak kuzenine gülümsedi. Bunzō huzursuzlanmıştı, genç kadına doğru döndü.

"Bal gibi bilmene rağmen böyle bir şeyi nasıl soruyorsun?"

"İyi de, dediğin hiçbir şeyi anlamadım ki..."

"Anlamadıysan anlama!"

"Ne tuhafsın..."

O günden sonra Osei, ne zaman Bunzō ile karşılaşsa allem etti kallem etti, söylemesi için sürekli üsteledi. Hatta en sonunda "Söylemezsen gıdıklarım vallahi!" diyecek kadar şansını zorladı. Fakat mermerden yapılmış bir heykel gibi suskun bir karakteri olan ve duygularını dile getirebileceği ilk fırsatı tepmiş olan Bunzō "Olacağı varsa olsun," deyip ağzını açtığı anda, Osei aniden arkasını dönüp "Kara çaylak uçtu, gördün mü?" gibi şeyler söyleyerek, hiçbir şeyin farkında değilmiş gibi davranıyordu. Hâliyle Bunzō da her şeyden elini eteğini çekti, araya mesafe koydu. Geri çekilmiş olsa da, yine de Osei'ye karşı hâlâ duygular beslemeye devam ediyordu. Bunzō korkuyla karışık bir şaşkınlık içerisindeydi ama genç kadın geçiştirmeye çalışıyor olsa da, onun da kendisine karşı gizlemeye çalıştığı hisleri olduğunu fark etti. Kıvanç veya minnetle dolmuş, kederini ve intikamını unutmuştu. Daha fazla şeye ihtiyacı yoktu. Ruhu bedenini terk etmiş, duygularının girdabına kapılmış bir hâli vardı. Rahatça oturamayınca odasında huzursuz bir şekilde döndü durdu. Küçük dilini yutmuş, duyduğu utanç yüzünden bedeni büzüşmüştü. Bazen anılara dalıp giderek gülümsüyordu. Mutluluktan aklını kaçırmış biri gibi davranıyordu. Ancak Osei'nin yanında kontrolünü kaybetmiyordu; genç kadını kırmamaya çalışıyor, yakışık almayan davranışlardan kaçınıyordu. Ama bir gün, şehvete karşı koyamayarak içsel kargaşaya sürüklendiği bir gün hiç olmadığı kadar mutlu olan Bunzō, bir anda gözlerini kapatıp sessizliğe gömüldü; genç kadın ne derse desin hiç cevap vermedi. Osei gülmeye devam ederek "Bu kadar ciddileşmene gerek yok," dedi ve genç adamı gıdıklamaya başladı. Bunzō, genç kadının parmaklarını kendisinden uzaklaştırdıktan sonra telaşla "Duygularımız hâlâ alışkanlıklarımızın esiri! Osei, lütfen odadan çık," dedi. Bunu duyunca Osei'nin tepesi attı. Genç kadın, gün geçtikçe bu durumdan daha fazla sıkılmaya başlamıştı; artık ne cilve yapıyor ne de kahkahalar atıyordu. Suspus hâlde hülyalar âlemine dalıp gidiyordu. Bunzō ile konuşurken umursamaz bir tavır takınmasına bakılırsa, ağlamaktan bitap düşüp uyuyakalacağı kadar dert etmiyordu kendisine.

Maalesef bu beklenmedik ihmalkârlık yüzünden, çiçek açmaya başlayan aşk tomurcuğu kurudu gitti.

Tuhaf çekişmelerle dolu, kaderin iplikleri ile karman çorman bir şekilde dolanmış ilişki, okyanuslara ve nehirlere değmeden asılı duruyordu. Tüm bunlar, Yue Lao'nun[1] kötü şakalarından olamaz mıydı? Öyle olsa bile gerçekten çok acayip bir aşkın başlamasına vesile olmuştu.

Bunzō sanki devlet dairesinde çalışmaya dün başlamış gibiydi ama neredeyse iki yılı devirmişti. Bu süreçte kenara para ayırmayı alışkanlık hâline getirdi ve bir müddet sonra, az da olsa birikim yapabildi. Yaşlı annesini bir başına yoksulluğa mahkûm eden evlat, hayırsızdan başka bir şey değildir; Bunzō, biriktirdiği parayla yılsonunda annesini Tokyo'daki bir eve yerleştirmeyi planladı ve bu fikirden birazcık bahsedince annesi resmen bayram etti. Oğlunun Osei'ye vurulduğundan henüz bihaber olduğundan, şefkat dolu şu mektubu yazıp Bunzō'ya gönderdi:

"Umarım bir an önce her şeyi rayına oturtursun da ilk torunumu kucağıma alırım. Annen olarak istiyorum senden

---

[1] Çin mitolojisinde bahsi geçen evlilik tanrısıdır. Efsaneye göre ay ışığı altında ortaya çıkan Yue Lao, elinde birbirleri ile evlenecek olan insanların isimlerinin yazılı olduğu bir defter ve uzun mu uzun, kırmızı iplikler tutar. Defterdeki isimleri okuyarak kırmızı ipliklerle bu insanların kaderini bağlar. Bu inanıştaki kırmızı iplikler, "千里姻缘一线牵" (qiān lǐ yīn yuán yī xiàn qiān / Türkçesi: Kısmet ise gelir Hint'ten, Yemen'den, kısmet değilse ne gelir elden) deyiminden gelen bir semboldür. –ç.n.

bunu. Oraya gelip seninle birlikte yaşamamı istiyorsun ama evinin omurgası, onu ve seni çekip çevirecek biri bile yok… Kadın olmadan ev ayakta durmaz, oğlum. Akrabalarımızdan birinin küçük kızını gördüm geçen; uysal biri, on kadını bir araya getirsen onun güzelliğini geçen olmaz. Çok beğendim bu kızı. Sen de tanışmak istersin belki…"

Annesi mektubun yanında bir de fotoğraf göndermişti. Bunzō hayret içinde kalmış, kaşlarını çatmıştı. Yengesi Omasa'ya mektuptan bahsettiğinde o bile hayret etti. Osei ilk kez eve döndüğünde Magobē, karısına "Oğlumuz Isami varis olacak. Osei'yi de evlendiremezsek eğer, Bunzō ile mi baş göz etsek?" diye teklifte bulunmuş, Omasa da öylesine "Olur," diyerek konuyu geçiştirmişti. Osei ile Bunzō'nun yakınlaşmaya başladığını uzun bir süre geçmesine rağmen Omasa da fark edince eşi, "Baksana, ne iyi anlaşıyorlar, şans yüzümüze güldü vallahi! İkisi de genç, hem de kafa dengiler… Ne olur ne olmaz, gözünü üstlerinden ayırma da herhangi bir tatsızlık yaşanmasın," demişti. "Ay, daha neler! Hiçbir şeycikler olmaz, zaten şunun şurasında kaç gündür böyleler… Hem olsa n'olacak ki? Sonuçta birbirlerine varmayacaklar mı?" diyen Omasa'nın yüzü anlayışla doluydu.

Kızının geleceğini kendi zihninde bu şekilde belirlemiş olan Omasa, Bunzō'nun verdiği haber karşısında doğal olarak üzüldü. Ancak Bunzō konuşmaya devam ederken kaşları yavaş yavaş çatıldı ve başıyla onayladı. Genç adam "Annemin dediği gibi kendi evim olacaksa, muhtemelen evlenmem gerekecek ama tanımadığım biriyle evlenmek istemiyorum. Sanırım onun önerisine hayır diyeceğim," dedi alışılmadık bir kararlılıkla.

Omasa "Evleneceğin kızı en az annen kadar sevmek zorundasın," diye karşılık verdi. "Ama bana sırrını açman çok hoş. Doğrusunu söylemek gerekirse, biz de bu konu hakkında biraz düşündük. Annen bu konuyu bir daha masaya getirdiğinde bana haber verirsen çok sevinirim. Dediğim gibi, bu konu üzerinde biraz düşündük ve eminim ki kocam çok geçmeden seninle konuşacaktır. Bu arada, annenin seni nasıl bir kızla evlendirmek istediğini merak ediyorum. Şu resme bir bakabilir miyim?"

Bunzō, yengesi fotoğrafı görmek istediğini söyleyince çok utanmıştı. "Şu anda yanımda değil. Osei birkaç dakika önce elimden aldı," diye açıklama yaptı. Böylece Bunzō'nun annesi, yengesi ve amcası, her biri yılsonunu iple çekti. Oysa bugün, ilk bölümde anlatılan olaylara dönecek olursak, herkesin beklentilerini bağladığı Bunzō'nun işinden ayrılması istenmişti. Eski kafalı bir insan, tüm bunları kötü bir kadere falan bağlayabilirdi sanırım.

BÖLÜM 4

DİLE GETİRİLMEYEN DUYGULAR ARASINDA

Hava nihayet kararmış, saat beşi vurmuştu. Yengesi ve Osei henüz eve dönmemişlerdi. Daha ne kadar bekleyeceğini kestiremeyen Bunzō, tek başına akşam yemeğini yemiş ve üst kattaki balkona geçmişti. Balkon parmaklıklarına yaslanarak, karanlığa yavaşça teslim olan gökyüzünü seyre daldı. Güneş çatıların arkasına gizlenirken ardında bıraktığı ışığı henüz kaybolmamıştı ve göğün batısını kızıla boyuyordu. Doğu tarafına dönüp baktığında ise soluk mavi renkle kaplanmış gökyüzünde birkaç yıldızın parladığı seçilebiliyordu. Denzūin Tapınağı'nın[1] cılız çan sesi ve oraya buraya uçuşan gürültücü kargaların bağırışları duyuluyordu. Bir anda güneş batmış, tüm mahalle karanlığa gömül-

[1] Bir Budist tapınağı. –ç.n.

müştü. Başını kaldırıp göğe baktığında, tüm renklerin kimsenin ruhu duymadan silinip gittiğini gördü. Gök, kocaman, mavi bir deniz gibiydi ve yıldızlar, bu denizin üzerinde tüm parlaklığıyla göz kırpışıyordu. Az önceye kadar görülebilen, komşunun bahçesi bile gecenin loş gölgelerine teslim olmuştu. Ağaçları ancak, hafifçe ıslık çalarak esen rüzgârın sallamasıyla seçebileceği kadar karanlıktı. Ambarın duvarları beyaz renkte olduğu için çok açık bir şekilde görülebiliyordu. Yaprakların hışırtısını duyar duymaz omzundan geriye doğru baktı ama etraf çok karanlıktı; göz gözü görmüyordu.

Acımasız insanlar bile bir sonbahar akşamının beraberinde getirdiği kederi hissedebilir. Bunzō, kısık gözlü bir uşağa benzeyen bir uçurtma gibiydi; rüzgârın durumuna göre bazen bir erik ağacının dibine düşüyor bazen de çamaşır iplerine dolanıyordu. Yaşam ve ölüm okyanusunun hercai ve devasa dalgalarıyla bir oraya bir buraya sürüklenerek uzunca bir yol katetmişti. İş okyanusunda da aynı şekilde rüzgâr ve dalgalar kendisine hiç göz açtırmadan onu alıp götürmüştü. Terk edilmiş küçük bir tekne gibi, güvenebileceği bir eşi dostu olmadan yaşayıp gideceğinin bilincindeydi fakat sıradan insanların acısıyla tehlikeli durumlara alışınca kaçınılmaz olanın pençelerine düşmüştü. Bunzō yılsonunda annesini yanına getirmeyi, onun yaşlanınca iyice zorlaşan hayatını az da olsa kolaylaştırmayı, memleketine eli boş gitmenin yakışık almayacağını düşünerek; "Akrabalara vermek için nasıl hediyeler alsam? Özel bir şeyler mi yaptırsam yoksa rastgele bir şeyler alıp geçsem mi?" diye zihnindeki sorobanla hesaplamalar yapıyordu. Sonra bir anda, hesaplamaları ile uyuşmayanın hayatın kendisi olduğu dank etti. O an beyhude yaşam rüyasından uyanıvermiş ve "Ne sefil biri oldum çıktım..." diye yakınmıştı.

Birden batı tarafında bir ışık parlamaya başladı. Düşlere dalıp gitmiş bir hâldeyken Bunzō, komşu evin üst katına kafasını çevirip baktı. Komşusu kapıyı kapatmayı unutmuş gibiydi ama shōjilerin aralığından bir gölge görülebiliyordu. Gölge bir anda şişti, genişledi ve acayip bir canavara dönüştü. Sonra yine bir anda silinip gitti, artık her şey tamamen karanlığa gömülmüştü. Bunzō rahatlayarak derin bir nefes aldı, bahçeye dönüp baktı: Ağaçlar, çiçekler ve böceklerin bir şeylerden özür diler gibi çıkardığı seslerle sarmalanmıştı. Zifirî karanlıkta cam pencerelerden sızan alev ışıklarının ulaştığı yerde ağaç gövdelerinin bir kısmı ortaya çıkıveriyor ve sanki içerideki insanları gözetleyen bir hırsız gibi görünüyorlardı. Çalılıkların arasından gürültüyle esen gece rüzgârı yüzüne vurunca Bunzō, korkuyla irkildi. Hemen odaya girdi, el yordamıyla düğmeyi bulup lambayı yaktı. İki ayağını da altına alarak yere oturup, ellerini dizlerine koydu. Sersemlemiş bir hâlde, hiçbir şey düşünmeden bir süre boşluğu izledi. Sonra hemen elinin altındaki güğümden fincanına sıcak su kattı ve bir dikişte içti. Dirseği yastığının üzerine gelecek şekilde uzanıp, tavana yansıyan titrek ışığı seyretti. Gülümsemesini tutamayıp kıkırdadı fakat dudakları yavaş yavaş çizgi şeklini alıp dişlerini gizlemeye başlamıştı; hüzünlenivermiş gibi bir ifade yerleşti yüzüne.

"Ne yapsam, bilmiyorum. Mutlaka bir şeyler demem lazım. Bu gece eve döndüğünde niyetimi söylesem mi? Yengem hiç hoşnut olmaz gerçi... Hoşnutsuzluğu yüzünden akar resmen. Ama söylemezsem de, bu durumda bir adım bile ilerleyemem. Bu işler borç para almaya benzemez, pısırıklık yapmadan bu gece niyetimi dile getirmem gerek! Fakat... Osei de odada olursa tereddüt edebilirim. Onun karşısında aşağılanmam hiç hoş olmaz. Onun olmadığı bir an kollayayım en iyisi. Olmadığı bir an kollamak mı? Niye böyle bir şey yapayım ki? Niye söylemekten kaçınıyorum? Şu kadarcık bile adam olamamışım. Sıkıntıya düşmekten çekinir mi koskoca bir adam! Bu gece söylüyorum, o kadar! Tek kelime dahi etmedi fakat gelecek yılın son aylarını dört gözle beklediğini biliyorum. O yüzden, işten kovulduğumu duyunca büyük ihtimalle hayal kırıklığına uğrar.

Yine de duyguları değişmeyecektir, Osei öyle basit bir kadın değil; diğer kadınların aksine tahsilli biri, hâliyle benden soğuyacak mı diye endişelenmem manasız. Hadi, o neyse de yengem... Yengemi unutmak ne mümkün! Kovulduğumu duyduğu anda Osei ile birlikte olmama karşı çıkar; öyle biri o... Maazallah, Osei'yi hemen biriyle baş göz dahi edebilir! Kesin bir söz de vermedik birbirimize, bu durumda nasıl karşı gelebilirim? Ah, akılsız başım, ah! Ne kadar düşünürsem düşüneyim, işin içinden çıkamıyorum. Kovulmasam ne olurdu sanki? Ne bileyim... Elimden her iş gelir, derken ukalalık yapmıyorum bence. Hem, eski iş arkadaşlarım çok mu beceriklilerdi? Değillerdi elbette! Şefe yalakalık yapmadığım için kovuldum kesin... Doğrusu, şef de amma pislik bir adamdı. Diğerlerinin de aşağı kalır yanı yoktu ki! Dalkavuklukta çığır açmış adamlar... Şuncacık maaş için herkesin önünde yere kapanıp köle gibi çalışıyorlar, dalkavukluk değil de ne işte! Yine de... Bir dakika... Kovduktan kısa bir süre sonra tekrar işe aldıkları olmuştu sanırım, belki yarın ararlar da 'Nerede kaldın?'... Yok... Demezler ya. Ama ya derlerse? İşte o zaman 'Gelmiyorum, ne hâliniz varsa görün!' diyen ben olacağım. Çok acele karar veriyor gibiyim; eğer çağırırlarsa gitmem en doğrusu olmaz mı? Ahmak! Bu yüzden ahmağım ben ya! Böyle şeyleri düşünüp kendi kendine stres yapan, aptal değil de nedir? Bundan böyle önce... Şey... Neydi o? Hah, doğru! Yengeme kovulduğumu söylemek... Hiç hoşnut olmayacak ama bu gece söylemezsem daha da cesaret edemem. Osei'nin önünde... Sorun değil, yengeme Osei odada olsa dahi söyleyeceğim. Ama ya yerden yere vurursa beni? Hem de Osei'nin önünde! Of, neyse, neyse... Osei'ye söylerim... Yok! Osei'ye söylemekle olmaz, yengeme söylemem lazım. Yüzünden düşen bin parça... O suratın karşısında konuşmak... Ağzına ne gelirse söylemesi... Of, kafam allak bullak oldu iyice!" Genç adam, kafasını bir sağa bir sola salladı.

Bir araba, yüksek ve tuhaf gümbürtüler çıkararak evin önünde durdu. Tel örgülü kapı gıcırdayarak açıldı ve insanlar konuşa konuşa içeriye girdi. Bunzō, doğrularak kendine çekidüzen verdi. İki kolunu da ayağa kalkmak için destek olarak kullandı fakat tekrar olduğu yere çöktü. Yeniden ayağa kalkmayı denedi; kalçasından destek alabiliyordu ama zihni "Söyleyecek misin yoksa sessiz mi kalacaksın?" düşünceleri ile bedeninden koptuğu için ondan da destek alıp hemencecik ayağa kalkamıyordu. Aniden, büyük bir çeviklikle ayağa kalkarak merdivenlere yöneldi ve aşağı inmeye başladı. Belli belirsiz bir tereddüt içini kaplayınca olduğu yerde durdu. Kendi kendisine "Çıkar şu baklayı ağzından!" diye söylenerek hızla alt kata indi, misafir odasına girdi.

Odadaki uzunca hibachinin[1] yanı başında kırklı yaşlarında gözüken bir kadın vardı; bir deri bir kemik kalmış, çırpı bacaklı, esmer tenli ve çok şıktı. Kırışmaya yüz tutmuş vücudu solsa bile görülmeye değer bir çiçek gibiydi. Bir tarakla saçlarını yukarıya toplamış; çıplak tenini de bükümlü ipek iplikle dikilmiş, çizgili bir kimono ve kendi gençlik dönemlerinde giyilen bir yukata[2] ile gizlemişti. Siyah, saten ve fitilli kumaştan yapılma obisini beline bağlamıştı.

Sarhoş biri gibi dişleri arasında kürdan tutarak yamuk bir şekilde oturan kişi Omasa idi. Bunzō'nun karşılamaya geldiğini görünce "Hoş bulduk. Çok geç geldik, değil mi?" dedi.

"Tüm gün nerelerdeydiniz?"

"Sugachō'dan Misujimachi'ye kadar dolaşmak için çıkmıştık aslında. Ama Sugachō'ya varınca civarda şey vardı... İnsanlar gösteri yapıyor, eğleniyor falan... Ne deniyordu ona?"

"Gazino."

"Heh, gazino vardı ve Ohama da bir girip bakalım diye teklif etti. Shintomiza ya da Nichōme'de izlemek

---

[1] Hibachi: Geleneksel bir Japon ısıtma cihazı, ateş çanağı. –ed.n.

[2] Yukata: Yazlık bir kimono türü. –ed.n.

daha iyi olurdu elbette, gazino mazino umurumda değildi anlayacağın. Fakat Ose-Osei gitmek için ısrar etti durdu. Ona eşlik ettim etmesine de hiç düşündüğüm gibi bir yer değildi. Gazino deyince aklımda, gösteri yapan normal insanlar canlanıyordu ama işinin ehli sanatçılar sahneye çıktı! Bir dahaki sefere sen de bizimle gel. Giriş ücreti elli sen[1] idi."

"Aaa, öyle mi? Bir başka sefere artık."

Bir süre konuşacak bir şey bulamadılar. Bunzō içinden "İşte, Osei yok, bunu bekliyordum. Şimdi söylemem iyi olur," diye geçirip tam kararını vermiş, ağzını açacakken birinin sallana sallana odaya girdiğini gördü; Osei gelmişti. Umacının bile güzelleşebildiği on sekiz yaşında, hayatının baharındaydı. Oval yüzü ile alnı arasında "v" şeklinde ufak bir nokta vardı, kalınca kaşları yaşam dolu gözlerine ayrı bir hava katıyordu. Büzülmüş dudaklarındaki gülümsemesi çekici olduğu kadar umursamazdı da. Boylu poslu sayılırdı, tıpkı rüzgârda dalgalanan sarı renkli bir hanımeli gibi hareket ediyordu. Kalçasının biraz daha küçük ve güzel olmasını veya ensesindeki saç çizgisinin daha ince gözükmesini dilediği olmuştu ama sonuçta insan beyaz tenli olduğu sürece geri kalan kusurlarının hiçbir önemi olmuyor; Osei de esmer tenli annesine hiç benzemeyen

[1] Günümüzde kullanılmayan para birimi. 100 sen, 1 yendir. –ed.n.

bir melekti. Parlak siyah saçları Batı tarzı bir topuzla sıkı sıkıya bağlanmıştı ve taktığı tek takı, gül şeklindeki saç tokasıydı. Ne allık ne de pudra sürmüştü; sadece mor satenden yapılma, baskılı muslin bir obi ile bağlanmış ipek kimono giymişti. Aslında kıyafetinin sadeliği, görünüşünü çarpıcı kılıyordu. Yapay bir çiçeğin nahoş tadından eser yoktu. Sotōri Hime,[1] çuval giyse bile güzelliğinden bir şey kaybetmezmiş; Bunzō'nun gözünde Osei de böyleydi. Belki de genç kadına olan aşkından bu şekilde düşünüyordu ama Osei gerçekten de diğer kadınlardan güzeldi. Odaya girdiğinde Bunzō'ya dönüp gülümsedi. Hafifçe öne doğru eğilip, hibachinin yanına kayarak zarif bir şekilde oturdu.

Osei ile göz göze gelen Bunzō sersemledi. İki kelime, "İşten kovuldum," cümlesi dilinin ucuna kadar gelmişti ama demek istediği her şeyi yuttu, hiçbir şey olmamış gibi bir tavır takındı. "Biraz daha zaman geçsin, söylerim," diyordu kendi kendine.

"Anne, boğazım kurudu da çay katabilir misin?"

Omasa "Olur," deyip fincanların olduğu yere döndü.

"Hay! Hepsi de kirliymiş... Onabe!" diye seslendi. Kırmızı yanaklı Onabe gelip tepsiyi aldı ve sallana sallana odadan çıktı. Kısa sürede fincanları yıkayıp

---

[1] İmparator Ingyō'nun eşi, şair. Ne giyerse giysin güzelliğinin her zaman ön plana çıktığını söylerlermiş. –ç.n.

geri getirdi, çayları kattı. O sırada, o gün duydukları bir şarkı hakkında konuşan anne kızın susmaya niyeti yok gibiydi. Kovulduğunu söylemeye fırsat bulamayan Bunzō, hiç istemese de anne kızın sohbetini dinlemek zorunda kaldı. En sonunda muhabbet Kiyomoto ve Nagauta[1] arasındaki farklara gelmişti:

"Kiyomoto'yu kendim de söylerim falan diyorsun ama Nagauta daha güzel."

"Nagauta ve Okayasu o kadar da kötü değil ama Matsunaga karmakarışık, intizamdan yoksun ve ilgi çekici değil. Kiyomoto'nun ise kendine has bir ruhu var: *'Yotsuya'da buluştuğumuz ilk zaman hoşlanıvermiştim senden ama kaderin planları başkaydı...'*" Omasa en sevdiği Kiyomoto sözlerini söyledikten sonra "Ah, ne hoş..." dedi.

"Bayağı bir şey, sevmedim."

"Hah, başladı yine bizimki! Ne huysuz birisin böyle! Her şeye muhakkak bir lafın var."

"Aman, onlar da bayağı olmasalarmış, bana ne!"

---

[1] Katarimono (hikâye odaklı şarkılar) sınıfına giren Kiyomoto'nun aksine Nagauta, Utaimono (melodi odaklı şarkılar) sınıfındaki en gelişmiş türdür. Shamisen her ikisinde de kullanılır ama Nagauta'da davul ile flüt de çalınmaktadır. Nagauta on sekizinci yüzyılın ortalarında kabuki (Japon halk tiyatrosu türü) tiyatrolarında söylenmek için ortaya çıkmıştır ve hem melodi hem de şarkı sözleri kinayelidir. Ayrıca şarkıyı söyleyen kişi, sesini hikâye anlatmak için bir araç olarak değil, enstrüman olarak kullanır. –ç.n.

"Madem soylu birisin, oden[1] falan yememen lazım."

"Ne zaman öyle bir iddiam oldu ki?"

"Geçen gece dedin ya..."

"Uyduruyorsun şu an," derken Osei, yüzüne yalandan bir gülümseme yerleştirmişti.

Omasa, Bunzō'ya dönerek "Bugün annenden bir mektup geldi, aldın mı onu?" diye sordu.

"Aaa, doğru, aklımdan çıkmış gitmiş," diye cevapladı Bunzō. "Bu sefer öyle pek bir şeyden bahsetmemiş ama selamı var size."

"Öyle mi? Sen de selam söyle. Bir sıkıntısı falan yoktur umarım."

"Yok, çok şükür iyi."

"Aman, bir sıkıntısı olmasın tabii. Bu yılsonunu dört gözle beklediğinden bahsetmiş mi?"

"Elbette, parmak hesabıyla günleri saydığından bahsetmişti."

"Hiç şüphem yok! Biricik oğlunun yanına taşınacak sonuçta. Öylesine bir tanıdıkmış gibi ana babayı orada burada yerenleri yavrum deyip bağrına basamaz insan... Ama Bunzō, sen düşünceli birisin. Annene değer veriyorsun. Annen seni elbette özler."

Omasa, kızına yan yan bakarak konuşmasını tamamlamıştı. Osei, yüzünün rengi atmış bir şekilde

[1] Çeşitli malzemelerle yapılan bir güveç. –ç.n.

kuzenine döndüğünde Bunzō, çekinerek gülümsedi. Omasa ise tekrar söze girdi:

"Hani bir mesele vardı... Başka bir şeylerden falan bahsetti mi onun hakkında?"

"Evet, bir şeylerden bahsetti."

"Neler demiş?"

"Düşünüp taşınmadan reddetmemem gerektiğini, yılsonunda yanına gittiğimde en azından bir kez buluşmamı istediğini falan demiş. Fakat..."

"Anne, neyden bahsediyorsunuz?" diye araya girdi Osei.

"Ah, şey, geçen gün bahsettim ya sana... Bunzō için..."

Osei başını hafifçe salladı.

"Aaa, meseleyi konuştunuz, demek... Amcan erkenden dönse de onunla da konuşsak bunları. Geçen gün konuşurken, Osei'nin evliliğini düşündüğünden bahsetmiştim... Magobē'nin aklındakileri öğrendim, şimdi daha net fikir üretebiliriz..." Omasa, konuşmasını sürdürürken düşüncelere dalmış gibiydi.

"Annene ne zaman mektup yollarsın?"

"Yolladım bile."

"Bu kadar çabuk, ha? Bugün mü?"

"Evet."

"Bunzō Bey'e bak sen! Keşke bana danışsaydın cevabını yazmadan önce..."

"İyi de..."

"Olan oldu artık. Ne dedin mektupta?"

"Durumumun evlenmeye uygun olmadığını..."

"Tüh, böyle bir cevabı görünce kadıncağız elbette endişelenir! Ayrıca..."

"Söylemek için fırsat bulamamıştım ama..."

"Dur hele, önce beni dinle. Her şey bir yana, amcanın bir fikri olduğunu bahane ederek zaman isteyebilirdin..."

"Anne, biz böyle konuşuyoruz, iyi hoş da Bunzō birinden hoşlanıyorsa?"

"Hoşlansın veya hoşlanmasın, annesine onları deseydi kadıncağız endişelenmezdi... Neyse işte, annesinin içini rahatlatmak için ona gerçekten ne hissettiğini söylemeliydi. Sanırım bu tür şeyleri anlamak için ebeveyn olmanız gerekiyor. Çocuğunuzu koruyup kollamak için çabalamanın ne kadar zor olduğunu hayal dahi edemezsiniz! Osei gibi nankör olsa bile içimde sürekli bir endişe oluyor çünkü onu sonsuza kadar koruyamayacağımın farkındayım. Geçen gün ona dedim ki: 'Bir gün evlenmek zorundasın, sonsuza kadar bebek gibi davranmaya devam edemezsin. Benimki gibi rahat bir aileye gelin gidecek kadar şanslı değilsen, bekle ve seninle yaşayan bir kayınvaliden olduğunda neler olacağını gör. Bu kadar şımarık ve bencil davranamayacaksın. Bu konuda kararını hemen versen iyi olur.' Ona bunu kendi selameti için söyledim, daha sonra zor zamanlar geçirme ihtimali olduğunu düşünmek bile istemiyorum. Bunzō, bana ne dese beğenirsin? 'Benim bu konuda kendi fikirlerim var. Evlenip evlenmeyeceğime ben karar veririm,' dedi. 'Evlenmek istemiyor musun?' diye sorunca da 'Evet, iffet yolunda ilerleyeceğim,' diye cevap verdi. Bu konuda ne düşünüyorsun, Bunzō? Bir rahibe dışında, kocası olmadan yalnız yaşayan birinin olduğunu kim duymuş?"

Yengesi tüm bunları uydurmamıştı, sahiden olmuştu böyle bir olay: Dört beş gün önce Osei'yi paylarken Omasa, kızgın bir sesle "Dalga geçmiyorum, otur da bir düşün kaç yaşına geldiğini! On sekiz! On sekiz olduğunda artık iyi bir yuva kurup gitmen gerektiğinin farkına varman lazım ama sen karşıma geçmiş, burnunun dikine gidiyorsun! Bir an önce evlenip, her şeyine burun kıvıran bir kaynana başına kalsın da bak gör, nasıl anlıyorsun değerimi!" demişti. Bunzō'ya anlatırken biraz allayıp pullamıştı sadece.

"Ama sonuç olarak henüz tecrübesiz biri. Ben de onun yaşında oldum; süslenir püslenir, dışarı çıkar, flört peşinde koşardım."

"Anne, yine nerede duracağını bilmiyorsun." Osei suratını buruşturmuştu.

"Hahaha! Öyle oldu cidden. Orada burada sürtmüş olabilirim ama bu kız sadece fiziksel olarak büyüdü, hâlâ ağzı süt kokan bir bebek aslında. Bu yüzden, ne kadar zaman geçerse geçsin sürekli arkasını toplayan ben olacağım."

"İşte bu yüzden annemden rahatsız oluyorum. Bir damla alkol almayagörsün, hemen onun kızı olduğumu unutup böyle saçma salak konuşmaya başlıyor."

"Senden farklı düşünen birini gördüğünde hemen alevleniyorsun sen de! Anneni eleştirmek yerine çuvaldızı kendine batır. Ne sevimsiz biri oldun..."

"Hahahah!"

"Annesi ile nasıl alay ediyor, bak gör! Ne dersem diyeyim, hiç söz dinlemiyor, uysal bir hanım olamıyor. Onu ikna etmek için konuşsan olmaz mı, Bunzō? Anlayacağı dilden konuşursan belki laf dinler..." Omasa yine Osei'ye ters ters baktı. Tam o esnada, fusumanın[1] diğer tarafında Onabe'nin sesi işitildi.

"Ne güzel bir kurdele... Bu..."

Üçü de şaşkınlıkla birbirlerine baktılar. Onabe'nin uykusunda konuştuğunu anladıklarında bir kahkaha tufanı koptu.

[1] Fusuma: Geleneksel Japon tarzı odaları ayırmada kullanılan, karton ve kâğıt tabakasıyla kaplı kafes benzeri ahşap çerçeveden oluşan dikey dikdörtgen kapı. –ed.n.

Osei duvar saatine bakarak "Abu! Saat çoktan on bir olmuş," dedi. "Onabe'nin uyuduğuna şaşmamalı. Hadi, biz de yatalım artık. Çok geç oldu zaten, yarın sabah uyanmak zor olacak. Bunzō, o konuyu yarın müsait bir zamanda konuşalım, tamam mı?"

"Olur, ben de... Benim de demek istediğim birkaç şey var zaten, yarın o hâlde... İyi geceler," dedikten sonra başıyla hafifçe selam veren Bunzō, salondan çıkıp merdivenlere yöneldi. Ama arkasından "Bunzō, sende bugünün gazetesi var mı?" diye bir soru gelince durdu.

"Var."

"Okudun mu?"

"Evet, okudum."

Osei "O zaman bana verebilir misin?" diye sorduktan sonra Bunzō'nun peşinden üst kata çıktı. Genç adam, masasının üzerinde duran gazeteyi alarak Osei'ye uzattı.

"Bunzō."

"Efendim?"

Osei cevap vermeden sadece gülümsedi.

"Ne oldu?"

"Bu gece için, geçen senden aldığım fotoğrafı vereyim mi?"

"Niye?"

"Bir başına kalmış gibisin, hahaha!" Osei gülerek merdivenleri indi. Onun ardından bakakalan Bunzō derin bir iç çekti.

"Bu gidişle hiç söyleyemem artık..."

Bir saat kadar oyalandıktan sonra sonunda yatağa girdi ama uyuyamadı. Geçmişte yaşananlar, gelecekte yaşanabilecek olaylar zihnini kuşatmıştı. O kadar endişelenmişti ki zihnini bir türlü toparlayamıyordu. Gözlerini kapatıp uyuyor gibi yapmak da işe yaramamıştı. Bir sağa bir sola dönüp duruyor, sürekli iç çekiyordu. Uyuyamamış olsa bile rüyalar görmeye başlamıştı ki horoz da ötmeye başladı. Horozun bir iki ötüşünden sonra güneş ufukta belirdi.

"Gece bitti bile..." diye düşünürken gözleri doldu, zihni bambaşka bir şeye kaymıştı. Annesi gözünde canlanmıştı ama bir süre sonra annesinin ensesindeki saçlar beyazdan siyaha döndü. Şimdi karşısında şef vardı. Ürkütücü ensesi tıpkı bir su çarkı gibi hızla dönmeye başladı, ta ki gözle görülemeyecek kadar küçülene kadar. Biraz sonra karşısındakinin tüm özellikleri değişmeye başladı. Gül şeklinde bir toka yavaş yavaş saçlarında belirdi. Osei... Onun ensesiydi...

BÖLÜM 5
BEKLENTİLERDEN DOĞAN AMANSIZ ZORLUKLAR

Hizmetçi kadının, uyanması için seslendiğini fark ettiğinde rüyalar âleminden irkilerek kopan Bunzō, başını sağa sola çevirerek etrafı kolaçan etti. Sabah güneşi, shōjiyi aşarak odayı dolduruyordu. "Hay, uyuyakalmışım!" diye düşünmeye bile zamanı olmadığından hemen yatağından kalkmaya çalıştı fakat kovulduğu aklına gelince yüreği daraldı. Ezilmiş, ölü bir kurbağa gibi olan bedenini yataktan bir hamlede kazıdı, pijamalarını çıkarıp geçen akşam giydiği kıyafetleri üzerine geçirdi ve diş fırçasını dişlerinin arasına sıkıştırdı. Eski bir havluyu kuşağının arasından geçirdikten sonra aceleyle alt kata indi. Onun ayak seslerini duyunca odadan "Bunzō, acele etmezsen geç kalacaksın!" diyen Omasa'nın sesi çok yüksek çıkmamıştı. Bunzō'nun yüreği, ne cevap vereceğini bilemediği için korkuyla hopladı. Diş fırçası hâlâ ağzında olduğundan ne dediği hiç anlaşılmamıştı. Aceleyle yüzünü yıkayıp kahvaltı sinisine yöneldi, yemek çubuklarını eline aldığında yüreği henüz sakinleşememişti. Zaten üç lokma bir şey olan yiyeceğini iki lokmada bitirdi; normalde sinisini hiç umursamadan itiverirdi ama bu sefer yavaşça kenara koydu. Düşünceler zihnini ele geçirmeye devam ettikçe bedeni küçülüyormuş gibi hissetti.

Bunzō kahvaltısını bitirince antreye çıktı ve yürürken çaktırmadan odalara göz attı. Omasa evde yalnız gibiydi, Osei hiçbir yerde görünmüyordu. Genç kadın son günlerde sabahın erken vakitlerinde, İngilizce pratiği yapmak için Surugadai civarında bir yere gider olmuştu, hâliyle evde olmaması doğaldı. Bunzō çekinerek odaya girdi. Hibachiyi temizlemekte olan Omasa, Bunzō'yu görüverince, elindeki bezi bırakarak merakla genç adama baktı. Bunzō her zaman olduğu gibi değildi; hem solgun hem de elden ayaktan kesilecekmiş gibi gözüküyordu ve gözlerinde hüzünle karışık bir mahcubiyet vardı. Gerçekten neler döndüğünü anlamak imkânsızdı.

"Bir şey mi oldu? Yüzünden düşen bin parça."

"Bir şey olmadı da..."

"E, o zaman acele etsene. Saat sekiz olmuş bile, bak!"

"Şey... Anlatmam gereken bir konu var. Doğrusunu söylemem gerekirse, ah... Dün, dün ko-" Cümlesini bitirmeye fırsat bulamadan nefesi kesildi, soğuk soğuk terlemeye başladı. Yüzü kıpkırmızı kesilmiş, kelimeler ağzından çıkmaz olmuştu. Bir süre öylece durduktan sonra tekrar konuştu:

"Dün kovdular beni." Aklından geçeni söyledikten sonra yüzünü yere indirdi.

Omasa'nın bez tutan eli havada kalakaldı. "Sahiden mi?" derken sesi şaşkınlık doluydu. Bir müddet boş bir ifade ile Bunzō'ya baktı, sonra bezi katlayıp bir kenara koydu ve dizlerinin üzerine oturdu.

"Kovuldun mu sahiden? Nedeni neydi ki?"

"Ne-nedeni... Ben de bilmiyorum ama... Büyük ihtimalle, şirkette küçülmeye gidecekleri için..."

"Vah vah! Kovuldun, demek... Ne büyük bir bahtsızlık bu..." Omasa büyük bir hayal kırıklığına uğramıştı.

Bir süre geçtikten sonra tekrar konuştu:

"Olan olmuş artık, bundan sonra ne yapmayı düşünüyorsun?"

"Öyle kesin bir planım yok fakat bir süre memlekette annemin yanında kalır, o sürede iş ararım diye düşündüm."

"İş aramasına ararsın da, ya bulamazsan? O zaman üzülmeyecek misin? Ben demiştim ama sana; şefe git, kendini bir göster diye... Sanki kötü bir şey demişim gibi burnunun dikine gittin, inatlaştın ve sonunda da kovuldun işte..."

"Ziyaretine gitmedim diye kovduğunu sanmıyorum..."

"Hiç kafan basmıyor, değil mi? Senin gibi birini sırf küçülmeye gidiyorlar diye kovma hatasına düşerler mi? Ya da kendini kovduracak bir hata yaptın, başka bir nedeni olamaz. Düşün bakalım, var mı böyle bir hatan?"

"Öyle bir hata yapmadım, en azından aklıma gelmiyor..."

"E, madem öyle..."

İkisi de kısa bir süre hiçbir şey demedi.

"Noboru[1] ne yaptı? Kovuldu mu o da?"

"Hâli vakti yerinde."

"Bak, şanslı olmak böyle bir şey işte! Şansı yaver giden biriysen tuttuğun her şey altın oluverir. Gerçi o, şanslı olduğu gibi maharetli ve cin gibi biri. Duyduğuma göre şefi ziyarete gidermiş sürekli. Eminim ki bu yüzden kovulmamıştır! Bana kulak verip şefe biraz yalakalık yapsaydın şimdi işin hâlâ elinde olabilirdi. Ama inatçı bir keçi olup hiç laftan anlamadığın için böyle oldu işte!"

"Haklı olabilirsiniz ama kaç yerden kovulursam kovulayım, öyle rezil bir şey yapamam."

[1] Yazar notu: Noboru karakterinden altıncı bölümde bahsedilecek.

"Yapamazsın, demek... Pekâlâ, gururunu bir kenara bırakmıyorsun; böyle bir düşünce tarzına sahip olduğun için de şefin gözüne giremedin. Azıcık bu konu üzerinde düşünsen, Noboru'nun bile böyle bir şeyi göze alamayacağını görürsün. Şefin gözüne girmek için bile çabalamıyorsun, Noboru ile kıyaslayınca... Nasıl desem? Yaptıkların az kalıyor. Sadece kendini düşünecek olsan rüzgârı arkasına alıp yükselen ve yeri geldiğinde dinlenen bir karga olabilirdin, karnım doysun yeter mantığı ile devam edebilirdin ama anneni de düşünmek zorundasın."

Bunzō'nun, anne lafını duyunca cevap vermekten çekindiğini gören Omasa, onu nereden vurması gerektiğini çok iyi anladı. Bambudan yapılma uzun piposu ile tatamiye pat pat vurarak konuşmasına devam etti:

"Annenin durumu içler acısı, değil mi? Elini kalbine koy ve düşün: Annen, eşini çok erken kaybetti, şimdi sadece sen varsın onun için. Çok çaresiz hissediyor olmalı. Orada, taşrada tek başına yaşamaktan pek hoşlanmıyor olabilir ama senin hayatta bir yerlere gelebildiğini görmek için sabrediyor. Bunu az da olsa hesaba katsaydın eğer, ne kadar zorlanırsan zorlan, ne kadar nefret edersen et, dayanabilirdin, ekmeğini taştan çıkarmaya razı gelirdin. Ama sen çok kibirli, kendini beğenmiş birisin ve bu yüzden birilerine yalakalık yapmayı bile göze alamadın. Şimdi anneni tamamen yoksulluğa sürükledin, onu şansından mahrum ettin belki de. Bütün bunları kendi başına sen getirdin. Başına gelecek her şeyi hak ediyorsun. Ama zavallı annene ne olacağı umurunda değil mi?"

Başlarda kendinden emin görünen Bunzō, başını önüne eğmişti ve ağzından tek bir kelime dahi çıkmıyordu.

"Ah ah! Annen bu yılın sonunu iple çekiyor, bu yüzden kovulduğunu öğrenince başından aşağı kaynar sular dökülmez mi, ha? Belinin kamburu çıktığı şu yaşında kadıncağızın başına gelenlere bak, yüreğini yakıyor insanın."

"Annemin yüzüne bile bakamayacağım."

"E, yani! Gelmişsin yirmi üç yaşına ama hâlâ annene bile bakamıyorsun. Bir de yüzüne mi bakacaksın kadının?" dedikten sonra umursamaz bir eda takınarak piposundan bir nefes aldı ve dumanını üfledi.

Yengesinin yüzünün yarısını görebilen Bunzō, hayret dolu bir ifade ile onu izledi. Ne diyebilirdi ki? Kendisini toplayarak gülümsemeye çalıştı ama zoraki olduğu çok belliydi. Titrek sesiyle, gülerek "Ahaha! Yüzüne bakamayabilirim fakat..." dedi. "Olanla ölene çare yok. Ne yapacağım, bilmiyorum."

"Ne dedin sen?" diyerek genç adama doğru dönen Omasa'nın alnında solucanlara benzeyen mavi damarlar çıkmıştı. Nevri dönmüş gibiydi, dudakları büzüşmüştü. "Ne dedin? Olanla ölene çare yok, mu? Kim yaptı tüm bunları? Kim kovdurdu kendini? Burnunun dikine gittiğinden başına gelmedi mi bunlar? İnsanlara sürekli sorun çıkarıyorsun ve şimdi işini kaybettiğin için üzgün bile değilsin. 'Olanla ölene çare yok,' demekle ne demek istiyorsun? Haddini aşıyorsun. İnsanların üzerine yürüyorsun. Kim olduğumu sanıyorsun? Yaşlı bir cadı olduğumu düşünüp, bana tamamen yabancı biri gibi davranıyor olabilirsin ama ben yine de senin yengenim! Yabancı biri olsaydım, kovulup kovulmaman umurumda olmazdı, seninle hiç uğraşmak zorunda kalmazdım. Ama biz akrabayız. Ben senin yengenim ve sen de benim yeğenimsin. Bunca yıl sana tek başıma baktım. Belki de hayatına müdahale etmemeliydim ama seni kendi evladım olarak görüyorum, üstelik zaten bir evladım varken. Bunun ne demek olduğunu biliyor musun? Anneni Tokyo'ya getirebilmen için başarılı olmanı ne kadar çok istediğimi düşünmediğim bir gün bile olmadı. Bana bu korkunç haberi verdiğinde doğal olarak üzüldüm ve senin iyiliğin için endişelendim, bunun seni ne kadar utandıracağını anlayabiliyorum. Bir yabancı için asla böyle hissetmezdim. En azından tavsiyelerimi dinlemediğin için işini kaybettiğine üzüldüğünü söylemeni beklerdim. Özür dilememen umurumda bile değil. Ama kovulup, sonra da 'Olanla ölene çare yok,' demek! Buna inanamıyorum. Senin için boşuna çabalamışım. Bunca yıldır sana nasıl göz kulak olduğuma ve seni nasıl önemsediğime şahit olmana rağmen kafan basmıyor."

"Bu doğru değil. Sizin de çok iyi bildiğiniz gibi kendimi ifade edemeyecek kadar beceriksizim ama kalbimden geçen şeyleri görebilseniz..."

"Hayır, hayır. Hiçbir mazeretini dinlemeyeceğim. Bana bir yabancıymışım gibi davranıyorsun. Ben senin için sadece yaşlı bir cadıyım. Bu kadar nankör olabileceğini hiç düşünmemiştim. Evliliğin için endişelenerek zamanımı boşa harcıyormuşum meğer! Annenle bu konuyu konuşmayı ve evlenmen için güzel bir kadın bulmayı planlamıştım. Düğünün için her türlü hazırlığı yapmak istedim çünkü evlenecek olan yabancı biri değil, sevgili yeğenim olacaktı. Plan yapmaktan başka bir şey yapmıyordum. İpek kuşağı diker, çizgili krepin üzerine bir şeyler yaparım, bir şeyleri düzeltirim diye düşündüm, yeter ki katkım olsun dedim. Ama gözümün önündekini anlayabilmeliydim! Kovulman o kadar da umurumda değil, sadece senin için yaptığım onca şeyden sonra böyle olmaman gerekirdi. Başka bir şey söylemeyeceğim. Ne desem boş zaten, senin için bir yabancıdan başka bir şey değilim sonuçta. Ayrıca dün bana bunu söylemen gerekirdi." Yaşadığı memnuniyetsizliği daha net nasıl ifade edebileceğini bir süre düşündükten sonra devam etti:

"Bu konuda tek kelime etmedin! Bugün sana öğle yemeği hazırlamak için binbir türlü zahmete katlandım üstelik. Çok çalıştığın için senin için endişelendim ve biraz çeşitlilik olsun diye sefer tasına omlet koymaya karar verdim. Ama Onabe nasıl yapılacağını bilmiyordu, bu yüzden senin için özel olarak kendim hazırladım. Sana nezaketle yaklaşmama rağmen bana yaşattığına bak... Bu işe karışmamalıydım, sonuçta kimse benden yardım falan istemedi ki... Onabe!"

"Buyurun!"

"Bunzō'ya hazırladıklarımı dök gitsin!"

Onabe fusumadan içeri koca yüzünü uzatmıştı. Hiçbir şeye anlam veremeden "Nasıl yani?" dedi.

"Beyefendi geçen gün kovulmuş."

"Gerçekten mi?"

"Kafası azıcık çalışan biri bile hemen kendini bir şey sanıyor işte..."

Yengesi uzun uzun azarlamasına devam etmeye fırsat bulamadan Bunzō garip bir ifade ile ayağa kalktı. Hiç duraksamadan odadan çıkarak üst kattaki odasına gitti. Masasına oturdu, ağlamamak için dişlerini sıkmıştı. Fakat bir süre sonra derin bir nefes vererek ağlamaya başladı. Gözyaşlarını durduramıyordu, bir el havlusu ile sürekli yüzünü sildi durdu. Ne kadar silerse silsin, yanakları ıslanmaya devam etti; yüreği burkulmuş, zihni kendisine düşman kesilmişti. Düşündükçe öfkesi artıyordu. Kovulduğunu öğrenince, sanki yıllardır aynı çatı altında kalmıyorlarmış gibi tamamen değişen birinin kalbindeki bencillik, mantıklı nedenlerle örtbas edilmeye çalışılsa da açık bir şekilde görülebilir. İstediği kadar saklamaya çalışsın, bunlar önemli değildi ama Bunzō'nun yüzüne bakarak ona yüreksiz olduğunu ima etmiş olması, hatta sürekli onu küçümseyerek konuşması, ne kadar kendisini kontrol etmeye çalışsa da sinirlerini altüst etmişti. Zihni, neden ona cesaretsiz olduğuna yönelik konuştuğunu veya onu küçük gördüğünü düşünemeyecek kadar doluydu. O kadar kalbi kırılmıştı ki öfkeden deliye dönmesi an meselesiydi, ruhundaki nefret tohumları büyümeye başlamıştı. Bunzō içerlemiş bir hâlde "Böyle bir tavır takınmak istiyor madem, ne yapalım? 'Her şeyden önce ben senin yengenim ve sen de benim yeğenimsin,' demek istiyorsa desin. Aramızdaki bağı koparıp tamamen iletişimi kesmek istiyorsa, mesafemi alır, ona göre hareket ederim. Hay ben böyle işe! Onun şirretliğinin yarısı bile etmez ama bir yurt bulup taşınayım da görsün..." diye kendi kendine konuşuyordu. O sırada garip bir şekilde Osei'nin görüntüsü gözlerinin önünde belirdi.

Tereddüt ederek "Ne olmuş olursa olsun, Osei..." derken sesi titredi. Fakat tekrar yengesinin menfur yüzünü anımsayınca içindeki öfke büyüdü. Daha önce hiç göstermediği bir kararlılıkla "Elinden geleni ardına koymasın, bu evde iki dakika daha durmam!" dedi. Kararını verince bu çatı altında kalmak daha can sıkıcı bir hâl olmuştu onun için; kendisine ait hiçbir şey yoktu burada, köşesi kırık soba bile onunla alay ediyor gibiydi. Saatine baktı, henüz daha on biri gösteriyordu. Eğer şimdi bavulunu toplamaya başlarsa, gün içinde bir yurda taşınabilirdi. Bu düşünceyle zaman kaybetmeden ayağa kalktı. "İstediği kadar gitme desin, kararım kesin!" diye kendi kendine söylenip dururken, gözü dönmüşçesine sağda solda ne bulduysa bavuluna tıkıştırdı. Bir şeyleri bulmaya çalışırken masanın çekmecesini açtı ve elli yaşlarını geçmiş, beyaz saçlı annesinin fotoğrafı ile göz göze geldi. Bildiğimiz gibi Bunzō, annesini çok severdi; kadıncağızın fotoğrafını görünce kendisi için olduğu kadar annesi için de bu lanet dünyanın zorluklarına göğüs gerdiğini anımsadı. Sorumluluk duygusu içinde tekrar uyandı, ayaklar altında çiğnene çiğnene paramparça olduğunu hissetti. Bu lanet evden çekip gitme konusundaki kararlılığı böylece silinip gitti ama yengesinin iğrenç yüzü gözünün önüne gelince yeniden öfkelendi. Yumruğunu ve dişlerini sıktı. "Hayır," dedi kendi kendine. "Bu evde daha fazla kalmamalıyım!"

Tam kendini toparlamaya başlamıştı ki alt kattan hizmetçi kadının "Yemek hazır!" diyen sesi duyuldu. Cevap vermeden önce biraz zaman geçmesini bekledi, hemen ilk seslenište inmek istemedi. Birkaç kez daha seslenilince, isteksiz de olsa aşağı indi. Kızgın, sinirli ve tüyler ürperten bir hâli vardı. Odanın shōjisini açtığında Osei'nin orada olduğunu gördü. Bunzō hayal kırıklıklarıyla o kadar meşguldü ki şimdiye kadar genç kadın neredeyse hiç aklına gelmemişti. Aslında onu neredeyse unutmuştu. Gözleri buluştuğunda ve onun şefkatle gülümseyen yüzünü gördüğünde, donmuş kalbi güneş çıkınca eriyen karlar gibi yumuşadı, rahatladı. Aklından neler geçtiğine hayret etti. Aşkının sevincini kalbinin derinliklerine gömmüş, acı ve öfkenin kendisine hükmetmesine izin vermişti. O kadar beklenmedik bir şeydi ki onun için, kalbindeki duygular yüzüne yansıyacak gibi olmuştu. Ancak Bunzō, yemeğini arkasından atlı kovalıyormuş gibi yemeye başladı; yüreğini sarıp sarmalayan aşktan doğan tebessümünü gizlemek adına yüzünü siniye gömdü.

Yemeğini bitirir bitirmez üst kattaki odasına geri dönen genç adam, toparlanmaya kaldığı yerden devam edecek gibi oldu fakat hissettiği hayal kırıklığı önceki kadar yoğun ve güçlü değildi. "Sorun yok," diye fısıldayarak kendisini toparlamaya çalıştı ama hiçbir şey olmadı. Üst üste defalarca tekrarladı, gerçekten de sorun yokmuş gibi davranmaya çalıştı. Dişlerini gıcırdatarak "Bir kere karar kılınca, fikir değiştirilir miymiş hiç? Olmaz öyle iş; ne olursa olsun gideceğim buradan," dedikten sonra, Osei'yi bırakıp gideceğini düşününce cesareti kırıldı. Ona karşı beslediği duygulara bakılırsa, genç kadını terk etmek kesinlikle yapamayacağı bir şeydi ama öte yandan yengesine, kabahatli olanın kendisi olduğunu söylemek de hiç istemiyordu; düşüncesi bile boğuyordu onu. Aşağı tükürse sakal, yukarı tükürse bıyık gibiydi bu durum; zihninde her şey birbirine girmiş, allak bullak olmuştu. Gerçi onu durdurmaya kalktıklarında laf dinleyip kalmaya devam etme düşüncesi hep aklının bir köşesinde duruyordu zaten. "Of, neyse ne işte..." diyerek eşya toplamaya geri döndü ancak zihni sürekli olan biteni düşünmekle meşguldü. Böyle olduğu için de toplanması iki saat kadar sürdü. Odada işi bitince derin bir nefes alarak rahatlamaya çalıştı, o esnada merdivenlerden gacır gucur sesler geldiğini işitti. Bunzō'nun, ayak seslerinin sahibinin kim olduğunu anlayabilmesi için onu görmesine gerek yoktu; bir süre önce yemek yerken saklamaya çalıştığı tebessüm tekrar dudaklarında belirdi, bakışlarını kapıya yöneltti. Gelen elbette Osei idi. Genç kadın, kuzenini görünce kocaman gülümsedi ve odasına şöyle bir göz attı.

"Hayret, odanı düzenlemişsin!"

"Feci dağınıktı." Ne söyleyeceğini düşünmeye fırsat bulamadan kelimeler ağzından dökülüverdi. Niye yalan söylediğini anlayamamıştı. Osei çoktan bir sandalyeye yerleşmişti ve büyük bir şaşkınlıkla konuşmaya devam etti:

"Annemle konuştuk biraz. Kovulmuşsun sanırım."

"Dün kovuldum, evet." Bunzō'nun tavırları ve ses tonu sabahkinden çok farklıydı. "Çok kötü hissediyorum ama dizimi dövmemin ne manası var? Bu düşüncemi sabah annene dedim ve hiç hoşnut olmadı, bir güzel payladı beni," dedikten sonra dişlerini sıkarak bakışlarını yere indirdi.

"Öyle mi yaptı? Gerçi..."

"Yirmi üç yaşıma gelmeme rağmen anneme bile bakamadığımı, yüreksiz olduğumu falan söyledi."

"Sahiden mi? Ama..."

"Ya, cesaretimin olmadığını inkâr etmiyorum ama yengemin yüzüme baka baka onu demiş olması... İçime oturdu."

"Annem gerçekten mantıksız biri. Ben de zaten az önce onunla tartıştım; üstten üstten konuşmasına, her şeyi ben bilirim tarzında tavırlarına katlanamadım. Aslında bu bir tartışma değildi çünkü neden bahsettiğimi hiç anlamadı, anlamaz da zaten. Neyse, sadece öfkelendi. Cahil birinden ne bekleyebilirsin ki?"

Osei cümlesini bitirince Bunzō başını bir anda kaldırdı ve "Annenle tartıştın mı?" diye sordu.

"Evet."

"Benim için?"

"Evet, seni savunduğum için."

Bunzō yine oflayarak başını yere indirdi. Gözyaşları dizlerine düşüp artlarında ıslak lekeler bırakıyordu.

"Bunzō, ne oldu?"

Bunzō sonunda kafasını kaldırdı. Gözleri buğulanmış olsa da ufak bir gülümseme dudaklarına yerleşmişti.

"Bir şey olmadı... Sadece... Aslına bakarsan mutlu oldum... Annenin karşısında durup, şu yaşa gelmiş ama hiçbir şey başaramamış beni savunmuşsun, annenle tartışmışsın... Gerçekten..."

"Neden bahsettiğimi anlamamasına rağmen hemen alevleniyor. Ne yapabilirim ki?" Genç kadın biraz da olsa kendisiyle gurur duymuştu.

"Ah, beni bu kadar... Düşündüğün aklıma gelmemişti hiç. Senden bir sır sakladığımı itiraf etmeliyim, bunu daha fazla saklayamam. Çok utanç verici... Utanıyorum. Etrafı topladım çünkü bir yurda taşınmayı planlamıştım."

"Yurda mı?"

"Yapabileceğimi düşünmüştüm fakat vazgeçtim, artık gidemem. Ben burada sadece bir yabancıyım ama sen, annene karşı beni savunmuşsun. Artık nasıl hissettiğini bildiğim için, gitmemi söylesen bile yapamam. Burada kalacağım için de annenden özür dilemem gerekiyor..."

"Hiç zahmet etme. Onun gibi cahil bir kadının ne düşündüğü önemli değil zaten."

"Öyle şey olur mu hiç? Bu hiçbir şeyi çözmez, özür dilemem gerekiyor. Ve Osei, niyetin iyi, farkındayım fakat artık annenle tartışma lütfen. Sırf benim yüzümden sana hayırsız evlat denmesin."

Oturma odasından Omasa "Osei!" diye seslendi.

"Annen çağırıyor."

"Bana ihtiyacı yok ki."

"Osei!"

"Anneni cevapsız bırakma lütfen."

"Osei! Osei!"

Osei "Geldim, geldim! Atlı kovalıyor sanki..." derken ayağa kalktı.

"Konuştuklarımızı annene deme, olur mu?"

Bunzō işaret parmağını dudaklarının üzerine koydu. Osei hiçbir şey demeden başını salladı ve alt kata indi.

Sinirlendiği gözlerinden okunan ve eliyle alnını ovalayan Omasa, kızını görür görmez bağırmaya başladı:

"Kı-kızım, kulakların sağır mı oldu? Seslendiğimde niye cevap vermiyorsun? Ne işin vardı yukarıda?"

Osei gayet rahat bir tavırla "Bir işim yoktu," dedi.

"O zaman neden yukarı çıktın? Kafana her estiğinde yukarı çıkmaman gerektiğini söylediğimde ne demek istediğimi anlamamış gibi bir hâlin var. Kudurmuş bir köpekmişsin gibi her fırsatta Bunzō'nun yanına koşuyorsun!"

"Bugüne kadar yukarı çıkmamda hiçbir sıkıntı yoktu. Ne oldu da böyle mantıksız davranıyorsun?"

"Azıcık bile anlamıyorsun, değil mi? Bunzō artık eskisi gibi değil, kovuldu. Bu ne demek, anlamıyor musun?"

"E, kovulduysa kovuldu. Kuzenim şimdi gördüğü her insanı ısıracak mı? Ahaha!"

"Ne? Ne saçmalıyorsun sen? Osei, haddini aşıyorsun. Bu dediklerin senin için bile fazla! Beni, anneni bir aptal yerine koyuyorsun..."

Genç kadın, dudaklarını büzüştürerek "Aptal yerine koyduğum falan yok. Mantıklı olanı yapıyorum, anneciğim," deyince bir anda rengi atan Omasa, elindeki pipoyu tatamiye fırlattı.

Dişlerini sıktığı için tıslar gibi "Kızdırıyorsun beni!" dedi.

Annesinin yüzüne göz ucuyla bakmakla yetinen Osei, oturduğu yerden usulca kalkıp odadan çıktı. Bunu bir anne ile çocuğu arasındaki bir kavga olarak görüp geçiştirirsek, kahramanımızın gerçek güdülerinin hakkını vermemiş oluruz. Kavga denemez zaten; bu, kavgadan ziyade, geleceğin Japon kültürünün muhteşem yeni nesli ile geçmiş zamanların eski alışkanlıkları arasındaki çatışmanın güzel bir örneğidir. Üzerinde durmakta fayda var.

O gece Bunzō, yengesinden özür dilemeye karar verdi ancak Omasa'nın öfkesi dinmemişti; genç adamı görür görmez paylamaya başladı, üstelik sabahkinden daha da sert şeyler diyordu. Hatta Osei'nin kendisine itaatsizliğini bile genç adama yükledi fakat Bunzō o kadar endişeliydi ki kendisine denilen her lafı yuttu. Omasa'nın iğrenç şakırtısını hayal kırıklığının gölgesiyle renklendirdi. Tam her şeyin bittiğini düşündüğü anda, söylediği bir şeyle Omasa tekrar hiddetlendi; âdeta parlak alevler arasında yanıyordu. Genç adam, yüzünü saran siyah dumanlı yangının söndürülebileceğine ihtimal vermese de sabırla özürlerini sıralamaya devam etti. En sonunda alevler yavaş yavaş küçüldü, ateş için için yanmaya devam ediyordu, onlar da bir süre sonra dindi. Bunzō rahat bir nefes aldı. Her an her şeyin olabileceğinin farkındaydı ve yengesi fikrini değiştirmeden önce ona hızlıca veda ederek odadan çıktı. Yengesinin, onun ardından şöyle dediğini işitti:

"Of, bu sefer bu beladan kurtulduğumuzu düşünmüştüm ama yine yakamıza yapıştı!"

BÖLÜM 6
KİMSENİN VARAMAYACAĞI CHİKURA DENİZİ

Saat üç sularında, sonbahar güneşinin batmaya başlaması ile bahçedeki ağacın gölgesi bir Budist keşişinin görüntüsünü andıracak şekilde uzamıştı. Omasa, can sıkıntısıyla uzun hibachinin yanında tek başına oturuyordu. Bir maşa ile küllere şekiller çiziyor, bazen de yazılar yazıyordu; düşüncelere dalmış gitmişti. Mutsuz olduğunu belli eden bir ifade vardı yüzünde, ara ara oflayıp pufluyordu. O sırada dışarıdaki tel örgü kapı, eve birinin geldiğini haber vermek istiyormuş gibi gıcırdayarak açıldı. Biri shōjiyi aralayarak kafasını içeri uzattı.

"Merhaba," diye selam veren adamı daha önceden hatırlarsınız: Bunzō'nun kovulduğu gün Kanda kapısından içeri giren, orta boylu dediğim adam buydu işte. İşten çıkar çıkmaz eve uğramadan buraya gelmiş gibi görünüyordu; çizgili bir kumaştan kimonosu üzerine Güneylilerin giydiği tarzda bir haori[1] geçirmişti. Artık kullanılmaktan dermanı kalmamış gibi görünen kuşağının ucundan cep saatinin zinciri sallanıyor, elinde ise Türklerin giydiği feslerden tutuyordu.

"Hayret, uğrar mıydınız buralara? İçeri buyurun lütfen, benim gibi yaşlı bir kadınla karşılaşmayı ummamışınızdır herhâlde. Ahahah!"

"Estağfurullah efendim... Böyle deyince de kulağa bir garip geldi, ahaha! Bu arada Utsumi evde mi?"

"Evet, içeride."

"Onu bir görmeye geldim, sonra da sizinle tekrar görüşürüz. Bir çift lafım olacak size, kendinizi hazırlayın lütfen."

"Külahları değişeceğiz, ha?"

"Hem de ne değişmek!" dedikten sonra üst kata çıkmak için merdivenlere yöneldi.

Hikâyeyi anlatmaya devam etmeden önce bu adam hakkında birkaç şey söylemek isterdim ancak adamın ailesi, aldığı eğitim, nereden geldiği gibi geçmişine dair konular, Yamahime'nin[2] pusları ardına gömülerek biz fâniler için muamma olarak kalmıştır. Elbette hakkında söylenegelen birkaç şey var; ailesini henüz çok kü-

[1] Haori: Bir kimono üzerine giyilen, geleneksel bir Japon ceketi. –ed.n.

[2] Dağları korumakla görevlendirilmiş bir prenses. –ç.n.

çükken kaybettiği ve akrabalarıyla tanıdıkları arasında tıpkı kontrolünü kaybetmiş bir gemi gibi sürüklenip durduğu söylenir. Hatta önceden bir askerin yanında uşak olduğu da söylenir ama buna karşı gelenler de var. Milletin ağzı torba değil ki büzelim, Doğu mazısı yaprakları üzerindeki çiylerden bile hızlı yok olan bu dedikoduları dikkate almamıza gerek yok. Ama söylenenlerden bazıları diğerlerine göre daha çok doğruluk payı taşıyor. Tokyo'da doğduğu, ordu ile bağlantılı bir ailenin çocuğu olduğu zaten adamın öz geçmişinde olan bilgilerdi, hâliyle bunları yalanlayamayız. Handa Noboru adlı bu adam, Bunzō'dan iki yıl önce işe başlamıştı ve şansı sayesinde terfi almıştı. Aday memur olarak çalışmak onun gibi bekâr biri için hiç de zor değildi; gününü gün ediyor denebilirdi.

Akıllı biri olarak bilinen Noboru, oldukça kıvrak zekâlı ve yetenekliydi. Bunların farkında olduğu için de sürekli kendisiyle övünen, burnu havada biriydi. Hitabeti çok güçlüydü; konuşmasıyla ikna edemeyeceği kimse yok denebilirdi fakat suyun akışını engelleyen bir bariyer misali olan çenesi yüzünden avurt zavurt eder dururdu. On parmağında on marifet vardı; her şeyi gayet makul bir şekilde yapabilirdi fakat gerçekten başarılı olduğu bir konu yoktu. Maymun iştahlı olduğu ve en önemli şeyleri bile göz ardı edebildiği için başarılı olamıyordu.

Noboru, albenili olduğu kadar dalkavuktu da. İnsanlarla ilk tanıştığında onlara karşı özellikle kibar davranır, hatta kadınlara ve yaşlılara bile kendini sevdirirdi. Ama garip bir şekilde, samimi olduktan sonra tüm albenisini yavaş yavaş kaybeder, kibirli davranmaya başlar ve insanların kalplerini kırardı, ta ki insanlar ondan tiksinip onunla ilişiklerini kesene kadar. Eğer karşısındaki, kendisinden daha az zeki biriyse, kibrini bir kenara bırakırdı ama daha becerikli biriyse, o anda gülmekle yetinir, sonrasında harekete geçerdi. Kendisine yakışır bir hoyratlıkla açıklamam gerekirse, insanlara köpek dışkısı bile fırlatabilecek bir adamdı.

Her şeye rağmen zeki bir adamdı ve bürodaki şefini gerçekten memnun edebiliyordu. O beyefendi, yani şef, Batı'nın havasını solumuş biri olduğundan "kibirli" ve "otoriter" olanlardan tiksindiğini açık açık ifade ederdi; sürekli meslektaşlarını kibirli olmakla suçlardı fakat kendisinin de ünü muhteşem değildi. Gözüne batan bir şey oldu mu hemen hiddetlenen, tabiri caizse liberalizm tiranlığı yürüten biri olduğu bilinirdi. İfade ettiği fikirler ile kendi gerçek doğası arasındaki bu çelişki, onunla birlikte çalışanlar arasında muazzam bir kafa karışıklığına yol açmıştı. Çoğu, onu nasıl memnun edeceğini bilmiyordu; sadece Noboru biliyordu: Önce şefin konuşmasını ve jestlerini taklit etti, hatta boğazını temizleyişini ve hapşırma şeklini bile taklit etti. Taklitlerinin mükemmele yakın olduğu söylenebilirdi; yalnızca şefin kiminle konuşuyor olursa olsun "Ahahaha!" şeklindeki gülüşü ile Noboru'nun "Eheheh!" şeklindeki gülüşü farklıydı, o kadar. Şef ondan bir şey yapmasını istediğinde önce meşgulmüş gibi davranarak kalkar, başını hafifçe yana eğerek tüm dikkati ondaymış gibi davranırdı. Konuşması bittikten sonra ise kocaman gülümser ve saygılı bir şekilde cevaplamaya başlardı. Doğru tonu tam olarak tutturmuştu: Ne çok mesafeli ne de çok arkadaş canlısıydı. Her şeyi şefin istekleri doğrultusunda yapardı, ona asla karşı çıkmazdı. Hatta Noboru, diğer şeflerin yaptığı hataları, onu övmek için bir araç olarak kullanıyordu ki bu, en can alıcı davranışı olabilir. Hâliyle şef "Gelecek vadeden bir çalışan vallahi!" diye düşünmeye ve sonunda da Noboru'yu kayırmaya başlamıştı. Ofisteki diğer çalışanlar, onun hakkında iyi konuşmuyorlardı fakat Noboru "Herkes yeteneklerimi kıskanıyor!" diye düşünür geçerdi.

Her neyse, Noboru hünerli biriydi: İşe tam zamanında varır, ofisteki işlerini en hızlı şekilde tamamlardı. Bu, özellikle etkileyiciydi çünkü yarım günde, diğerlerinin tam günde yapabileceğinden daha fazla işi tamamlayabiliyordu. Asla suratını asmazdı, gerçi ifadesi bile sadece şov amaçlı olurdu. Yani aşırı meşgulmüş gibi davranır ama tüm işlerini diğerlerine kakalardı. Kaldığı yurda döner dönmez kıyafetlerini değiştirir, hemen tekrar dışarı çıkardı. Odasında kalıp dinlendiği çok nadir olurdu. Pazar günleri şefin evine ziyarete gider, onunla go[1] oynar ya da ayak işlerine koşardı. Bir keresinde şefin karısı, evcil hayvan olarak bir Pekin köpeği almak istediğini söylemişti. Elbette Noboru, bu isteği duyar duymaz yerine getirdi: Bir gün bile geçmeden bir Pekin köpeği bulmuş ve şefin eşine götürmüştü. Şef, köpeğe bakarak "Çok garip bir yüzü var, değil mi?" diye sorunca Noboru da "Evet, öyle! Garip bir yüzü var," dedi. Onlardan hemen sonra şefin karısı "Ama onları şirin yapan da bu zaten!" diye çıkıştı. Noboru da hiç düşünmeden "Gerçekten hanımefendinin dediği gibi, bu yüzden sevimliler," diyerek şefkatle köpeğin başını okşadı. Fakat maharetli Noboru bile zaman zaman hata yapıyordu, hatta Noboru'nun bir keresinde şefi gücendirdiği için birkaç gün boyunca hiçbir şey yiyemediği söylenir. Yine de çok geçmeden şefin karısını kendi tarafına çekmeyi başarmış ve kısa sürede şefin öfkesini de yatıştırabilmişti. Şef yatışınca resmen yüreğinden

[1] Go: Çin'de icat edilen ve tahta üzerinde oynanan bir strateji oyunu. –ed.n.

koca bir yük kalkmış gibi ferahlamış, rahatlamıştı. Sahiden de on parmağında on marifet olan biriydi Noboru.

Kaldıkları yerler neredeyse burun buruna olduğundan, Noboru sık sık Bunzō'yu ziyarete giderdi. Osei okuldan eve döndükten sonra bu ziyaretlerin sıklığı artmıştı, neredeyse her gün buluşuyorlardı. Diğer insanlarla ilişkilerinde olduğu gibi, Noboru'nun Bunzō ile olan ilişkisi de birbirlerini tanıdıkları yıllar içinde bazı belirgin değişiklikler geçirdi: Aralarındaki samimiyet arttıkça Noboru, söyledikleriyle Bunzō'yu sık sık kırar olmuştu. Birlikte oldukları zamanın çoğu, Noboru'nun iş arkadaşlarının kusurlarını sayması, "Ben var ya ben" veya "İnsan, istikrarlı olmadığı müddetçe hiçbir şey yapamaz," gibi şeyler diyerek kendi meziyetlerini sıralaması ile geçerdi. Bunzō ile pek sohbet ettiği yoktu, daha çok oturma odasında Omasa ile konuşarak nefesini tüketirdi. Bazen birlikte iskambil oynarlar, bazen de gözünü iyice boyamak için suşi gibi ikramlar sipariş eder, onlara verirdi. Elbette Omasa da Noboru'yu kayıranlardan biriydi; genç adamın ismi asla dilinden düşmezdi. Bu yüzden Omasa'nın genç adamdan hoşlandığını düşünenler vardı fakat kırklı yaşlarını geçmiş bir kadın… Osei gibi bir genç kızı olan… Durun, ses çıkarmayın! Ayak seslerini duyuyor musunuz? Noboru geliyor sanırım…

"Utsumi açısından bile katlanılamaz bir şey, çok üzücü. Az da olsa neşelenmesi için uğraştım fakat pek beceremedim maalesef."

"Kendi hâline bıraksan iyi edersin. Bunların sorumlusu o, biraz üzülmesinden hiçbir zarar gelmez."

"Haklı olduğunuza eminim ama yine de çok yazık. Bunun olacağını bilseydim bir şeyler yapmaya çalışırdım..."

"Hiçbir şeyden bahsetmedi mi?"

"Ne gibi?"

"Benim hakkımda?"

"Yok."

"Sana bile güvenemeyecek miyim? Arkadaşı olduğun için ona arka çıkıyorsun."

"Öyle bir şey yaptığım yok, gerçekten."

Omasa "Sahi mi?" derken çayları kattı. Dolaptan birkaç tatlı çıkarıp Noboru'ya ikram ettikten sonra Onabe'ye kızını çağırmasını işaret etti.

Bunzō her zamanki yerinde olmayınca hizmetçi kadın, kafası karışmış bir şekilde "Üst kata çıkıp çağırayım mı?" diye sordu.

"Çay içmek isteseydi gelirdi, gerek yok," diye cevap verdi Omasa. Resmen onun intikam alışıydı bu.

"Bir şey mi oldu? Atıştınız mı?"

"Atışma olsa yine iyiydi de beyefendinin öyle kabalaşması..."

"Sebebi neydi ki?"

"Diyeceklerime kulak ver, Handa..." Ardından Omasa, Bunzō'nun önceki gün kendisine yaptığı korkunç yanlışları susmak bilmeden anlattı. Kelimeleri, kıyılarından taşan büyük bir nehrin gücüyle dökülüyordu âdeta. Nefes bile almadan anlattı. Yıllardır içinde biriken şikâyetler uzun ve acımasız bir saldırıya dönüşmüştü. Osei odaya girip dergisinin bir kopyasını okumaya başladığında Omasa hâlâ Bunzō'yu vahşi bir canavar gibi anlatmaktaydı. Genç kadın, Noboru'ya başını hafifçe sallayarak selam verdi ve annesinin kendisi için doldurduğu çay fincanını teşekkür etmeden kabul etti. Omasa konuşmaya devam etti. Osei çayını içti, fincanı bıraktı ve annesinin konuşmasını hiç umursamadan, okumakta olduğu dergiyi yeniden eline aldı. Noboru ziyarete geldiğinde genellikle böyle davranırdı.

Omasa anlatmayı bitirerek "Pekâlâ, Noboru, sence suçlu kim?" diye sordu.

"Elbette Utsumi hatalı."

"Üstelik genç adamın hatalı olduğunu bilmesine rağmen birileri onun tarafını tuttu, sürekli benimle alay eden biri..."

"Ben öyle bir şey yapmadım!" diye haykırdı Osei.

"Yapmadın mı? O kadar kızgın ve öfkeliydim ki daha fazla sabredemedim. Ama zayıf olduğumu biliyorsunuz, işin içinde koruyucu meleği Bunzō olduğu için bir şey söylemenin anlamsız olduğunu düşündüm. Kendimi kontrol ettim ve tek kelime etmedim."

"Sürekli yalan söylüyorsun!" diye bağırdı Osei.

"Bu yalan değil, gerçek. Korkunç, değil mi? Bir kızın hiç tanımadığı birini savunmak için kendi annesine sırt çevirdiğini düşünebiliyor musun? Hem de onun için yaptığım onca şeyden sonra... Haksız mıyım, Noboru? Onu yetiştirmek kolay olmadı, Tanrı biliyor. Çocuğun olduğunda yetmiş beş kez ağladığını söylerler. Bu kız için şimdiden yüzlerce kez ağlamış olmalıyım. Kendisine gösterilen ilgi için en ufak bir minnettarlık hissetmiyor. Söylediğim en küçük şey için bana saldırıyor. Böyle zalim bir çocuğu hak etmek için ne yaptım ben? Bunu düşünmek bile yüreğimi parçalıyor."

"Ses etmediğimden, istediğin her şeyi söylemeye devam ediyorsun. Ama gerçekten çok ileri gittin. Ben üç yaşında bir çocuk değilim. Ebeveynlerin çocuklarına duydukları sevgiyi biliyorum fakat mantığın..."

"Seni anlıyorum, pek bir şey demene gerek yok. Gerçekten anlıyorum," dedi Noboru, Osei'nin öfkeli patlamasını bir hareketiyle keserek. Omasa'ya döndü: "Sanırım asıl noktayı kaçırdınız, hiç böyle bir şey yapmazsınız hâlbuki! Beni hayal kırıklığına uğrattınız. Siz, Utsumi ile kavga ederken Osei öylece oturup bekleyemez, değil mi? Onun da kendine göre sebepleri vardır," dedi ve yüksek sesle kahkaha attı. Osei kaşlarını çatmıştı ama hiçbir şey söylemeden Noboru'ya bakmaya devam etti. Omasa'nın dudaklarına yapmacık bir gülümseme yerleşmişti. O da sessizdi. Üçünün de üzerine bir ürperti çöktü.

"Bu sadece küçük bir şakaydı ama gerçekten çok fazla şey bekliyorsunuz. Osei, işini nasıl yapacağını çok iyi bilir."

"Mesela?"

"Büyük şeylerden bahsediyorum. Eğer öyle düşünmüyorsanız, onu kendi yaşındaki sıradan kızlarla karşılaştırın. Eğer gerçekten güzellerse, ders çalışmak gibi ciddi şeylerle uğraşmazlar; fink atmakla meşgul olurlar. Güzel olmasına rağmen Osei mükemmel davranıyor. Onu kimin yetiştirdiği düşünüldüğünde bu şaşırtıcı değil. O asla flört etmez ya da aptalca bir şey yapmaz. Her zaman çok sıkı çalışır. Çince ve hatta şimdi İngilizce biliyor. Bugünlerde ne okuyorsun, Osei?"

"*The National Fourth Reader*[1] ve *Swinton's Outlines of the World's History*[2]."

---

[1] Richard Green Parker, James Madison Watson. *The National Fourth Reader.* –ed.n.

[2] William Swinton. *Swinton's Outlines of the World's History.* –ed.n.

"*The National Fourth Reader*... Bu oldukça zor olmalı. Bazı erkekler bile okuyamıyor. Çok gençsin ve sadece bir kadınsın ama yine de çok çalışıyorsun." Omasa'ya döndü. "Bahsettiğim için kusura bakmayın ama herkes böyle olağanüstü bir çocuğa sahip olmanızın ne kadar şaşırtıcı olduğunu söylüyor. Bir düşünün: Eğer böyle bir şey yapsaydı ve ailesini rezil etseydi ne yapardınız? Ama burada herkes sizi kıskanıyor çünkü o çok başarılı. Bu sizi çok gururlandırmalı. İnsanların, ailesinden iyi bahsetmesini sağlayan bir kız için söylenecek çok şey var. Osei'den memnun olmanız gerekir. Eğer değilseniz, bunun nedeni çok fazla şey bekliyor olmanızdır."

"Bana karşı biraz daha nazik olsaydı, insanların onun hakkında ne söylediği umurumda olmazdı. Ama o, çok acımasız. Bana hiç annesi gibi davranmıyor. Ondan nefret ediyorum." Gözlerini kısarak Osei'ye baktı ama güzel kızına gururla bakarken öfkesi söndü.

"İzin verirseniz sizi memnun edecek bir şey daha söylemek istiyorum: Bugün terfi aldım," dedi Noboru.

Omasa bir an için irkilerek ona döndü. "Bu harika bir şey. Tebrik ederim." Başını hafifçe eğdi ve sonra "Bu gerçekten harika," dedi. Osei de şaşırmıştı. Noboru'nun terfi ettiğini duyunca biraz kızardı. Çok garip görünüyordu. "Bir rütbe daha yükseldiniz o zaman... Maaşınız ne kadar oldu?"

"Sadece beş yen arttı."

"Beş yen o kadar da kötü değil. Zaten otuz yen alıyordunuz, şimdi beş yen daha eklendi..."

"Anne, ne yapıyorsun? El âlemin maaşını..."

"Otuz beş yen eder bu da. Çok iyi, değil mi kızım? Bugünlerde borç para vererek bile bu kadar kazanmak kolay değil. Yani, otuz beş yen... Zekiysen çok şey fark eder, değil mi? Osei ve ben hep, sizin Bunzō gibi birinden ne kadar farklı olduğunuzu söylüyoruz. Genç bir adam olmanıza rağmen zeki, becerikli ve de çok akıllısınız."

"Biraz abartmadınız mı?"

Omasa gülerek "Ne abartması?" dedi. "Cin gibisiniz vallahi; insanları nasıl idare edeceğinizi çok iyi biliyorsunuz ve yakışıklısınız. Tek kusurunuz, çok yemek yemeniz olabilir."

Noboru da güldü. "Ah, ne çok eleştirdiniz beni!"

"Her neyse, terfiyi kutlamak için bizi gezdirirsin diye umuyorum. Shintomiza'da mı yoksa Ichimuraza'da mı yapalım?"

"Siz nasıl arzu ederseniz... Ama misafir olarak gelirim."

"Hiçbir şey için çok teşekkür ederiz!" diyen Omasa kocaman gülümsedi.

"Dalga geçiyorum elbette! Başka bir zaman tiyatroya gidebiliriz. Yarından sonraki gün Dangozaka'ya kasımpatıları görmeye gitmeye ne dersiniz?"

"Kasımpatıları görmeye mi? Duruma göre değişir. Bilmiyorum, sadece etrafta dolaşıp onlara bakmak... Sakıncası yoksa gelmemeyi tercih ederim."

"Eğer şansımız yaver giderse başka şeyler de yapabiliriz."

"Dalga geçmiyorsunuz, değil mi?"

"Yok, geçmiyorum bu sefer."

"Peki öyleyse, gideriz."

"Güzel bir gezi olur."

"Osei, sen de gelecek misin?"

"Dangozaka'ya..."

Osei bu tür gezileri çok severdi ve eğlenceli olacağından emindi. İçinden hemen kabul etmek gelse de bir süre düşünür gibi yaptı, sonra öylesine "Yok," deyip geçiştirdi. Fakat hemen ardından kabul etti. Birkaç dakika sonra Noboru gitti.

Omasa, düşünceli bir şekilde, fısıldarcasına "Noboru gerçekten iyi bir adam," dedi. "Henüz çok genç ama yine de çok para kazanıyor. Bizim Bunzō onun yanında budala kalmıyor mu? Yirmi üç yaşında ama annesine nasıl destek olacağını geçtim, kendine nasıl davranacağını bile bilmiyor. Midemi bulandırıyor resmen."

"Noboru da okulda başarılı değildi."

"Eğitimden bahsedip duruyorsun ama iş hayatında ilerlemene yardımcı olmayacaksa ne faydası var? Eğer günlük yaşamını sürdüremeyeceksen, birkaç şey okuyabilmek o kadar da matah olmuyor."

"Bunzō biraz şanssızlık yaşadı, o kadar. Elinden bir şey gelmez ki."

Omasa, kızının yüzüne dikkatlice bakarak "Kızım, Bunzō ile birbirinize yemin falan etmediğinize emin misin? Eğer böyle bir şey yaptıysanız, bana söylemen gerekiyor. Benden sır saklamasan iyi edersin."

"Of, anne, yine başlama. Öyle bir şey olmadığını dün kaç defa söyledim sana. Bir kulağından girip ötekinden çıkıyor sanırım."

"İşte yine başladın. Cevabın hayırsa, hayır de geç. Bu kadar hiddetlenmeni gerektirecek hiçbir şey yok ortada."

"Hiddetleniyorum çünkü her şeyde bir bit yeniği arıyorsun!"

Bir süre hiç konuşmadan düşüncelere daldı ikisi de.

"O gün ne giyeyim, anne?"

"Üzerine bir şeyler geçiriver."

"Her zaman giydiğim o iç çamaşırlarımı giyeyim. Üzerine ne giysem ki? Çizgili bir sarı ipek kimonom var ya, o yakışmaz mı?"

"Diğer çizgiliyi giy. O daha çok yakışıyor."

"Ama çok kalitesiz duruyor..."

"Her işi yokuşa sürme."

"Böyle bir yere gidecekken Batı tarzı kıyafetler alan bir kocamın olması iyi olurdu."

"O zaman başarılı bir adamla evlen ve kendine kıyafet mıyafet aldır. Fena mı olur?"

Osei annesinin yüzüne bakakaldı.

CİLT 2

BÖLÜM 7
DANGOZAKA GEZİSİ - 1

Pazar günü, son günlere göre daha açık bir hava vardı; hem rüzgâr hem de etraftaki tozlar durgundu. Takvimler, eski zamanlarda kasımpatı zamanı denilen, kasımın ilk haftasını gösteriyordu; gezmek için ideal bir gündü.

Sonoda ailesi, sabah erkenden gezi hazırlıklarını tamamlamak için koşuşturmaya başlamıştı. En güzel giysilerini toplamak için uzun uzun vakit harcayan Osei'ye sinirlenmeye başlayan Omasa neredeyse çileden çıkacaktı. Kuaför gecikince de tüm suçlar Onabe'ye kaldı. Şans bu ya, nesillerdir kullanılan çaydanlığın o kusursuz ağzı kırılmış, rafta duran havan birdenbire yere düşmüştü. Bir de resmen savaş alanına dönen eve hiç beklenmedik bir misafir damlamıştı, üstelik bu kişi misafirliğe gittiğinde kalkmak bilmezdi. "Kusurumuza bakmayın fakat Dangozaka'ya gitmek için yola çıkmak üzereyiz," diyerek binbir çabayla onu göndermeye çalışsalar da başarılı olamadılar. Misafir, evdeki arbedeyi umursamadan kıçının üstüne oturuverdi. Evdeki kargaşa gittikçe artıyordu. Yine de her şey olacağına varacaktı, endişelenmek yersizdi; misafir geldiği gibi döndüğünde kuaför de gelmişti, böylece tüm hazırlıklar tamamlandı. Saat on bir civarında ev ahalisi sonunda rahat bir nefes aldı ve kendi hâllerine katıla katıla gülmeye başladılar.

Bunzō, gözden düşmüş biri olarak bu geziye gitmenin anlamsız olduğunu düşünüyordu. Kaldı ki Noboru, şu anda baharda çiçek açmaya başlayan bir çiçek gibiydi ve Bunzō, solmuş bir çimenlikten başka bir şey olamazdı. Eğer bu geziye gitmeyi reddetmezse, daha fazla aşağılanabilirdi. Geçen gün Noboru onu ikna etmeye çalıştığında kesin bir dille reddetmişti. Fakat şimdi evdekiler gürültüyle gezi için hazırlanırken, kayıtsız kalmaya çalışsa da yapamıyordu. Hâli vakti yerinde olanların heyecanını gördükçe dünkü durumunu hatırlıyor, kara bulutlarla dolu bir gök gibi gözleri yaşlarla doluyordu; kederliydi ve cesareti paramparça olmuştu.

Çok umutsuzdu. Dün Osei'nin "Sen de gelsene," teklifini "Yok, gelmeyeceğim," diye cevaplamıştı. Genç kadın hiç tereddüt dahi etmeden "Peki, sen bilirsin," diye geçiştirince umutsuzluğa sürüklenmişti. Bunzō, eğer koşullar elverseydi, genç kadının kendisini yüreklendirmesini isterdi. Biraz daha ısrar etseydi, "Sen gelmiyorsan, ben de gitmeyeceğim öyleyse!" deseydi fena mı olurdu?

Genç adam kendi kendine "İmrenmiyor musun hiç?" diye sordu, bir bahane arıyordu. Fakat bulamadı, içini gıcıklayan bir şeyler vardı sadece... Huzursuzdu.

Her teklifi reddetmişti, evet ama kalmak da istemiyordu. İçindeki öfke gittikçe büyüyordu. Elinden tutup kaldıran kimsesi yoktu, siniri bozuluyordu. Çok acil halletmesi gereken bir şey varmış gibi kalkıyor ve sonra olmadığını anımsayarak oturuyordu. Tekrar bir anda ayağa fırlıyor ve yine oturuyordu. Nihayetinde, ne doğru düzgün oturabildi ne de ayağa kalkıp gitti.

Sakinleşemeyen Bunzō, biraz kitap okursa dikkatini dağıtabileceğini düşündü. Kitaplıktan bir eser alıp, rastgele bir sayfayı açarak okumaya başladı fakat hiçbir şekilde kitaba yoğunlaşamadı. Biraz tuhaf bir ifade ile sayfalara boş boş bakıyordu. Başta biraz odaklanır gibi olmuştu ancak giriş cümlesini ne kadar okursa okusun hiçbir şey anlayamadı. Ayrıca alt kattan Osei'nin kahkahaları ona nispet yaparcasına kulaklarına doluyordu. Bir kere duyması bile genç adamın huzursuzlanmasına yetmişti. Ağzını açıp kapayan Bunzō, elindeki kitabı sinirle bir kenara fırlattı. İçindeki nefret büyürken masasına yaslandı, çenesine elini dayadı ve etrafı boş gözlerle seyretti. Aniden doğruldu, tekrar can bulmuş gibi bir ifade vardı yüzünde.

"Böyle olmasaydı neler olurdu acaba?" dediğini fark etti bir anda. Kafası allak bullak olmuş bir şekilde çenesini sıktı; şaşkınlık, ümitsizlik ve öfke, içini doldurdu. Yumruklarını sıkmış, "Bela arıyorum resmen!" diye kendi kendine söylenmeye başlamıştı. Şeytani duygular, ruhunun derinliklerinden uyanmaya başlamıştı, olan bitenden sonra şaşılacak bir durum değildi bu.

Ne yazık ki hiçbir aksilik yaşamayan Noboru, saat tam birde eve geldi. Bugün gayet şık Japon kıyafetleri giyinmişti; kahverengi renkli ipekten yapılma bir kimono giymiş, üzerine siyah renkli, dokuma kumaştan haori geçirmişti, kuşağı bile çok zarifti. Merdivenlerden büyük bir gürültüyle çıkıp odaya girdi. Bunzō'ya selam verme zahmetine bile girmeden bağdaş kurarak yere oturdu. Gözlerini kısarak arkadaşına baktı ve sordu:

"Suda boğulmuş bir cesede benziyorsun, neyin var?"

"Biraz başım ağrıyor sadece."

"Öyle mi? Ev sahibesinden azar işittiğin için mi? Ahaha!"

Bunzō, dediklerine alınmıştı fakat hiçbir şey demedi.

"Hiç gelmeyi düşünmüyor musun peki?"

"Yok, demiştim zaten..."

"Ne inatçı çıktın... Keçiden bir farkın yok, ahaha!" Kendince eğleniyor, gülüyordu. "Ne dersem diyeyim gelmeyeceksin, ha? Ahaha!"

Şakalaştıklarını sansa da, aslında sadece dalga geçip arkadaşını kırıyordu. Bir süre daha böyle saçma sapan konuşmaya devam etti, ta ki merdivenlerin başında duran Osei seslenene kadar.

"Noboru!"

"Efendim?"

"Arabalar geldi! Sen de hazırsan çıkalım."

"Geliyorum!"

"Elini çabuk tut!"

"Osei!"

"Efendim?"

"Eğer arabada tek gitmek istemezsen, burada sana eşlik edebilecek biri var!"

Osei cevap vermedi. Sadece ayak sesleri duyuluyordu.

Noboru "Ahahah! Hiçbir şey demeden kaçtı gitti, görüyor musun? Ne şeker!" dedikten sonra Bunzō ile vedalaşıp ayağa kalktı. Onun merdivenlerden inmesini izlerken Bunzō, acı acı söylenmeye başladı:

"Aptal mıdır nedir..."

Cümle henüz odada süzülürken, genç adamın zihninde Mukōjima'ya kiraz çiçeklerini görmeye gittikleri zamandaki Osei canlandı. Bir heyecanla ayağa kalktı;

odada dört dönerken etrafı inceledi, gözlerini şömineye dikti. Fakat hemen sonra kendisine gelerek, kalktığı yere tekrar oturdu, yine acı içinde söylendi:

"Aptal olan benim!"

Bu sefer kendisine sinirliydi.

Öğleden sonra hafif bir rüzgâr esmeye başlamıştı fakat hava bozmamıştı, hâlâ güzeldi. Böylesine güzel bir pazar gününde Dangozaka sokakları çiçekleri görmeye gelen insan kalabalığı ile doluydu. Basit Batılı saçlardan geleneksel Japon tarzının özenle hazırlanmış kabarık saç modellerine kadar her biri değişik modellere sahip kadınlar görülebiliyordu; falanca grubun koordinatörü, eskilerin "Kedi Efsanesi"[1] olarak bildiği, Nabeshima kargaşasına bizzat şahit olmuş Madam Filanca vardı. Hevesli küçük kızlar, şevkle ayaklarını birbirine vuruyor, uçarak dans etmeyi hayal ediyorlardı. Sütanneler ve ev hizmetçileri de görülebiliyordu. Güzelce giyinmiş, neredeyse reşit olan genç kadınlar ve hâlen sürdürülmekte olan tek eşliliğin kanıtı modern kadınlar bile sokaktaydı. Kadınların yanı sıra; saçlarını kazıtmış keşişler ve kabarık saçlı erkekler de vardı. Kendilerini tanrıya adamış olanlar, kaderciler ve eskiden kamu

[1] O-Toyo adında bir prensesi öldüren ve Prens Hizen'e saldırmak için prensesin kılığına giren bir vampir kedi efsanesidir. Bazı versiyonlarına göre saray halkı, bu kediye çok kötü işkenceler yapmıştır ve bunun sonucunda kedi de onlardan intikamını almıştır. –ç.n.

görevlileri olarak bilinen ama gelecekte belki de halkın hizmetkârları olarak adlandırılacak, bugünün memurları da bulunuyordu. Tüccarlar ve seyyar satıcılar da vardı elbette. Amaçlarına ulaşmak için şiddete başvuran ve siyasi görüşleri uğruna hapse girmeyi göze alan, hükûmet karşıtı cesur politikacılar da oradaydı. O gün Dangozaka'da neredeyse her türden insan bulunuyordu, bu yüzden insanların yüzlerini, saçlarını, giyim kuşamlarını, kokularını tek tek tarif edebilmek imkânsız olur. Zaten dar sokak insanlarla dolup taşıyorken bazı düşüncesiz insanlar, arabalarla ikişer ikişer, büyük kalabalığın arasından geçmeye çalışıyordu. Mahallenin yoksul sakinleri bir yandan kibrit kutularını yapıştırırken bir yandan da geçit törenini izliyorlardı. Dünya ne kadar da adaletsizdi böyle! Bu zavallı insanların, işlerini bırakıp gösterilere bakacak zamanları bile yoktu…

Sokaklar boyunca çiçekçi dükkânlarının reklamını yapan pankartlar sonbahar esintisiyle dalgalanıyor ve müşteri çekmek için avazı çıktığı kadar bağıran insanların sesleri sokaktaki gürültüye karışıyordu. Bu insanların kızarmış ve heyecanlı yüzleri, kalabalığın içinde belirgin bir şekilde göze çarpıyordu. Tüm bu telaş ve karmaşaya rağmen, caddelerde ve hatta dükkânların içinde görülebilecek, kayda değer ilginç bir şey yoktu.

Kasımpatılar, ister tek bir tane ister çok sayıda olsun, yalnızca doğal hâllerinde büyümeye bırakıldığında görülmeye değer oluyor. Onları alıp zorla başka şekillerde ve yerlerde büyütmeye kalkarsak, güzelliklerine gölge düşürmekten başka bir şey yapmış olmayız. Bu çirkin ve insan boyutunda figürleri yapabilmek için, tüm diğer çiçekler ve bitkiler solduktan sonra açan sarı ve beyaz kasımpatılar muazzam sayılarda toplatılıp getirilmişti. Muhteşem kasımpatılardan yapılmış bu kıyafetler, tek bir dokunuşla hışırdıyordu. İşin kötü tarafı ise, sokaktaki bu binlerce kişi arasından sadece tek bir kişi, çiçeklerin bu şekilde heba edilmesinden rahatsız olurdu. Geri kalanlar sadece, çiçeklerin tazeliği konusunda endişelenirdi. Sokakta bir yerlerde bulunan bir münzevinin, kasımpatılarla ilgili olan bu acımasız eleştirilerini görmezden gelsek daha iyi olur. Neyse, bu sıkıcı şeyleri bırakıp hikâyemize dönelim biz.

Büyük bir gürültüyle âdeta uçarak gelen iki araba bir anda durdu. Arabalardan kadınlı erkekli üç kişi indi: Noboru, Osei ve Omasa.

Noboru, üstündekileri değiştirmemişti, hâlâ bahsettiğimiz o şık giysiler içerisindeydi. Omasa ise, koyu gri renkli, çizgili bir kimono giymiş, siyah satenden bir kuşak bağlamıştı. Kimonosunun altına giydiği fanilası, siyah renkliydi ve yakası altın renkli işlemelerle bezenmişti. Çok şık görünüyordu doğrusu. Gelelim Osei'nin giydiklerine: Genç kız, sarı renkli ipek bir kimono giymiş, çivit ve altın renkli işlemeleri olan bir kuşak bağlamıştı. Fanilası ise koyu kırmızı dökümlü bir kumaştandı. Onun da yakasında altın işlemeleri vardı. Kuşağına da pembe renkli bir kumaş parçası sıkıştırmıştı. Kıyafetlerinin uyumu müthişti. Fakat insanların durup onu incelemesine neden olan şey giydiklerinden ziyade, genç kadının zarafetiydi. Saçı her zaman yaptığı gibi Batılı tarzda toplanmıştı ama bu sefer biraz daha özenmiş gibiydi. Gül şeklindeki kocaman tokasını da iliştirmişti. Doğal tonlarda, oldukça hafif bir makyaj yapmıştı.

Çevredeki insanların Noboru ve Osei'yi göstererek, kıskançlıkla "Şu ikisi acaba birlikteler mi? Karı koca olabilirler mi ki?" dediklerini her duyduğunda Noboru'nun gururu okşanıyordu. Anne, kızını her gördüğü çiçekçi dükkânına sürüklerken bir an olsun susmamıştı. Kalabalığın, dediklerini duyabileceğini hiç umursamadan attı durdu.

Osei bile çok mutlu görünüyordu. Âdeta özgürlüğüne kavuşmuş küçük bir kuş gibi şakıyor, neşeyle hoplayıp zıplıyordu. Noboru'nun saçmalıklarına bile gülüyordu ama bu, onu zeki bulduğu için falan değildi;

Noboru sussaydı bile aynı şekilde kıkırdamaya devam ederdi.

Kasımpatılar Omasa'nın ilgisini cezbetmemişti: "Hmm, güzelmiş..." diyerek şöyle bir göz gezdirip gidiyordu. Fakat Osei ile yaşıt olduğunu düşündüğü her genç kadını dikkatle inceliyordu. Genç kadınların önce yüzlerini, sonra kimonolarını, kuşaklarını büyük bir dikkatle inceliyordu; onları âdeta baştan aşağı süzüyordu. Kadınlar yürüyüp önlerine geçtiklerinde bile arkalarından yine aynı şekilde incelemeye devam ediyordu. Sonra Osei'ye yan gözle hızlı bir bakış atıp, şöyle bir karşılaştırma yapıyordu. En sonunda kızının daha güzel olduğunda karar kılıyordu.

Etrafa son bir defa daha bakmak için önce tepenin yamacındaki çiçekçi dükkânında, sonra da küçük bir kulübenin önünde durdular. Noboru, buradaki ahşap heykellerden birinin yüzünün Bunzō'nunkini andırdığını söyleyince hep birlikte kahkaha attılar. Korkuluklardan sarkmış olan Osei, yüzünü kimonosunun kolları ardına gizleyerek kahkaha atıyordu. O esnada yanlarından geçen bir erkek öğrenci, hayretler içerisinde onlara dönüp gözlüklerinin üzerinden Osei'ye baktı. Omasa kısık sesle "Utanman, arlanman yok mu?" diye kızını azarladı.

Kahkahaları en sonunda kıkırdamaya dönüşen Osei, korkuluklardan doğrularak etrafına bakındı fakat

Noboru'yu göremedi. "Aaa!" derken dört bir yanını kolaçan etti. Yüzündeki gülümseme bir anda silindi.

O sırada ötedeki kulübenin önünde Noboru, ona sırtını dönmüş, Batılı kıyafetler giymiş bir beyefendinin arkasında büyük bir şevkle eğilip eğilip duruyordu. Fakat bu beyefendi hiç oralı değildi, hatta Noboru'ya bakmadan durmaya devam ediyordu. Noboru defalarca selam verince adam artık ona dönüp baktı; yüzünde gülümsemeden eser yoktu, şapkasını bile çıkarmadan başını hafifçe salladı sadece. Noboru bir anda secdeye kapanır gibi tekrar tekrar eğildi ve bir şeyler zırvaladı.

Beyefendinin yanında iki kadın vardı. Yaşça büyük olan kadın, saçlarını dönemin modasına uygun olarak kabartmış, genç kadın ise Batılı tarzda bir topuzla saçlarını toplamıştı. Birbirlerini andırdıkları için kardeş oldukları anlaşılıyordu. Noboru, önce yaşça büyük olana selam verdi, ardından genç olana. Genç kadın, kafası karışmış bir şekilde hafifçe başını eğerek selam verdi, hemen sonra yüzü utançtan kıpkırmızı kesildi.

Bir süre ayakta sohbet ettiler fakat aralarında mesafe olduğu için, dedikleri kalabalığın gürültüsüne karışıp gidiyordu, birbirlerini pek anlayamıyorlardı. Buna rağmen Noboru sürekli gülümsedi ve sık sık el kol hareketleri yaparak konuşmasına devam etti. Sanırım bir ara gerçekten komik bir şey demişti çünkü beyefendi, omuzlarını sallayacak kadar büyük bir kahkaha patlattı. Saçı kabarık olan kadın da bir müddet sonra beyefendiye eşlik ederek gülmeye başladı. Saçını topuz yapmış kadının da yüzüne bir gülümseme yerleşmişti; hemen kimonosunun kolları ile dudaklarını gizledi ama Noboru'nun yüzüne sabitlenmiş gözleri hâlâ gülüyordu. Saygısını koruyan Noboru, herkesi güldürebilmesinden kıvanç duymuş, yüzüne kocaman bir gülümseme yerleştirmişti. Beyefendinin kahkahaları durunca tekrar bir şeyler zırvalamaya devam etti. Osei ve Omasa tamamen aklından çıkmış gitmişti.

Osei, ne beyefendiye ne de yanındaki kabarık saçlı kadına dikkat etmişti. Dikkatini çeken asıl kişi, topuz saçlı genç kadındı. Kadını parçalamak istiyormuş gibi gözlerini dikmişti: Hiç hareket etmeden, hatta nefes dahi almadan bakmaya devam etti. Annesi kendisine bir şeyler dediğinde bile dönüp cevap vermedi.

O sırada Omasa, beyefendinin, yanındakilerle birlikte onlara doğru gelmeye başladığını fark etti. Şaşkınlık içerisinde kalan Omasa, hâlâ o genç kadına bakan kızını kolundan çekiştirerek kenara geçti. Bir süre yol kenarında bekledikten sonra Noboru'nun beyefendinin ardından gelmekte olduğunu gördü. Dükkânlardan birinin önünde Noboru onları bir kez daha selamlayıp vedalaştı. Yanlarından ayrıldıktan sonra yürürken bir anda bir şey hatırlamış gibi durdu, etrafına bakınmaya başladı.

"Noboru, buradayız!"

Omasa'nın seslendiğini duyan Noboru, hızlı adımlarla ilerleyerek yanlarına geldi.

"Çok durdum, kusuruma bakmayın."

"Onlar kimdi?"

Noboru gülümseyerek "O beyefendi benim şefim," diye cevapladı. "Bugün geleceğini bilmiyordum."

"O kabarık saçlı kadın kimdi? Eşi mi?"

"Evet."

"Topuz saçlı olan?"

"O mu? Hmm..." diyerek bir süre çevresine bakındı Noboru. "Şefin karısının kız kardeşi... Evde gördüğümden daha güzeldi."

"Gerçekten hoş bir kadın. Güzel olduğu kadar giyim kuşam konusunda da zevk sahibi..."

"Bugün çok hoş, evet ama evde kadına hizmetçi gibi davranıyorlar. Hâliyle paspal paspal dolaşıyor."

Osei "Tahsili var mı?" diye sorunca Noboru çok şaşırdı.

"Hmm... Öyle bir şeyin bahsinin geçtiğini duymadım hiç. Ama olabilir de, emin değilim. Şefin evine geleli daha çok olmadı, o yüzden hakkında pek bir şey bilmiyorum."

Bunu duyunca Osei'nin gözlerinde küçümseyici bir ifade belirdi. Kafasını çevirip, tepeden aşağı inmekte olan genç kadına baktı. Eliyle hafifçe kuşağına vurdu, hemen sonra kendisini toparladı.

Tepenin yamacında duran arabalarına binerek Ueno civarına doğru yola koyuldular.

Arabalara binerken Omasa, Osei'ye dönerek "Osei, bugün gördüğümüz o genç kadının yaptığı gibi makyaj yapmaya başlasan iyi olur," dedi.

"Yok, o tarz makyajları sevmiyorum."

"Aaa! Nedenmiş?"

"Çünkü iğrenç görünüyor."

"Siz gençlerin öyle makyaj yapmanızda bir sorun yok. Daha güzel oluyorsunuz hem."

"Of! Madem bu kadar çok seviyorsun, neden sen öyle makyaj yapmıyorsun? İnsanlar neyi sevmediğini söylese, onu sevmeye başlıyorsun. Ne tuhaf bir annesin!"

"Sadece güzel olduğunu düşündüğümü belirttim. Bu şekilde tavır almak zorunda değildin. Ne ipe sapa gelmez bir kızsın sen ya!"

Osei, cevap vermesinin bir anlam ifade etmeyeceğini fark etti ve tek kelime etmedi. Morali bozulmuş, düşüncelere dalmıştı. Omasa tekrar muhabbet açmaya, kızının moralini yerine getirmeye çalıştı fakat Osei hiç tepki vermedi. Belli ki araları bozulmuştu. Ne var ki bu durum çok uzun sürmedi; Ueno Parkı'na vardıklarında muhabbet etmeye başlamışlar, Osei de eski hâline dönmüştü.

Ueno Parkı'ndaki sonbahar manzarası harikuladeydi: Orada burada düzensizce büyümüş çam ağaçlarının dalları birbirine girmiş, iğneleri koyu yeşil ve çok sayıdaydı. Onları izleyen insanların yüreğindeki duyguları harekete geçiriyordu. Kiraz, kayısı, şeftali ve erik gibi meyve ağaçları, yaşlı veya genç fark etmeksizin sapsarı yapraklarla bezenmişti. Yalnızca uzaktaki ağaçlar arasına gizlenmiş kış kamelyası ağaçlarında çiçekler vardı ve hepsi de çok yalnız gözüküyordu. Bazı akçaağaçlar çoktan kızıl renkli elbiselerini üzerlerine geçirmişti ama bazıları henüz hazırlanmaya vakit bulamamış gibiydi. Kuşlar, sonbaharla bütünleşmiş, keder şarkıları söylüyordu. Kasvetli bir manzaraydı doğrusu. Rüzgâr bir anda şiddetini arttırdı; kiraz ağaçlarından biri soğuktan titreyince solmuş yaprakları dallarından düştü. Yere dağılan yapraklar, sanki bir hayalet tarafından harekete geçirilmiş gibi peşi sıra yükselerek dans etmeye başladı ve hemen ardından oy birliğine varmışlar gibi tekrar çimlerin üzerlerine düştü. Bu kasvetli ve iç karartıcı sonbahar manzarası, ışıltılı ve umut dolu bir bahar günüyle kıyaslanamazdı elbette. Fakat eşsiz bir güzelliğinin olduğu da sugötürmez bir gerçekti. Dangozaka'ya gidip dönenler, geçerken buraya uğrayan neşeli ziyaretçiler ağaçların arasında yürüyordu. Genç kadınların kahkahaları yankılanıyordu.

Osei, yürümek istediğini söyleyince üçü de Eğitim Müzesi önünde arabadan indi. Taş köprüyü geçip hayvanat bahçesinin önüne vardılar. Şoförlerine "Az ileride Kannondō[1] var, orada bekle bizi," dedikten sonra arabaların yanından ayrıldılar. Hiçbir yere sapmadan ilerlerken, göğe değecek gibi gözüken Japon çamlarını geçerek Tōshōgū[2]'nun oraya vardılar.

Tam o esnada tapınağın arka kapısından "Let us go on,"[3] diye bağıran iki çocuk fırladı. İkisi de mavi renkli, Batı tarzı kıyafetler giymiş, altın yaldızlarla süslenmiş rozetler ve siyah renkli kepler takmıştı. On dört yaşlarında gibi gözüküyorlardı; çocuklardan biri kestane larvası gibi tombulcaydı ve kendisiyle aynı şekilde giyinmiş arkadaşına dönerek "Ama önce bir şeyler mi yesek?" diye sordu.

"Olur, ben de acıktım."

"Yiyeceksek..." derken Omasa ile göz göze geldiler.

"Aaa..."

---

1 Kiyomizudō olarak da bilinen, 17. yüzyılın sonlarına doğru inşa edilmiş bir Budist tapınağıdır. –ç.n.

2 1623 yılında inşa edilmiş, İeyasu ve Yoshimune adlı iki Tokugawa shogununa adanmış Shinto tapınağıdır. –ç.n.

3 (Tr.) Hadi devam edelim. –ed.n.

Omasa "Aaa, İsami!" dediği sırada çocuk yanlarına koştu. Hayretler içerisinde kalmıştı, Noboru'ya birkaç kez selam verdikten sonra kıpkırmızı kesildi.

"Anne..."

"Hayırdır, ne bu acelen?"

"Eve gitmiştim... Onabe de Bunzō dışında evde kimsenin olmadığını söyleyince buraya geldim..."

"Sınavın bu kadar çabuk mu bitti?"

"Evet."

"Nasıl geçti peki?"

"Ondan daha önemli işlerim var... Anne, şey..." Bir şey isteyeceğinden, çekince dolu gözlerle annesine baktı.

"Bir şeye ihtiyacın olursa buralardayız."

İsami, Noboru'ya yan yan bakarak "Anne, biraz yanıma gelir misin?" dedi.

"Of, önemli bir şey diyorsan kesin para isteyeceksindir. Değil mi?"

"Öyle bir şey değil," derken Noboru'nun yüzüne bakmaya devam ediyordu, bir anda kıpkırmızı kesildi. Garip bir kahkaha atarak annesini ağaçlık tarafa doğru çekiştirdi.

Noboru ve Osei, ağır adımlarla tapınağın arkasına kadar yürümeye başladılar. Saat dört suları olduğu için güneş batmaya başlamıştı. Sıra sıra dizilmiş ağaçların gölgeleri, eski tapınağın kerpiç duvarına düşüyordu.

Shinobazu Göleti, büyük bir balığın pulları gibi parıldıyordu. Hemen aşağıda hipodromun kiremit çatısının kenarları, kuş kanadı gibi uzuyordu. Hipodrom, çatıların ardına gizlenmiş olsa da atların kişnemeleri ve yarış sesleri net bir şekilde duyulabiliyordu.

Osei, bir ağaç gövdesine yaslandı, güneş şemsiyesini kapattı ve etrafı izlemeye başladı. Kocaman gülümseyerek Noboru'ya döndü.

"Az önceki kadın çok hoş değil miydi?"

"Hangi kadın?"

"Şu şefin baldızı."

"Ha, o mu? Çok hoş harbiden."

Osei'nin "Evdeki hâlinden daha güzel olduğunu söylemiştin, değil mi?" diye sorarkenki gülümsemesi, gözlerine bile yansımıştı. Gözlerini hiç ayırmadan Noboru'ya bakmaya devam ediyordu ve kahkahasını daha fazla tutamadı.

"Pot kırdım, bak! Boşluğuma geldi. Böyle bir şey yapacağın aklıma gelmezdi, bundan böyle gözüm üstünde."

"Ayrıca kadın... Ahahaha! Ne zaman selam verse kıpkırmızı oluyordu. Ahahaha!"

"Dalga geçme lütfen. Bu kadarı yeterli, haddini aşmamaya dikkat et."

"Ama yalan değil ki..."

"Çok güzel bir kadın, hatta çoğu kadından güzel..."

"Peki, peki, anladık."

"Sahiden de öyle ama..."

"Bulduğun her fırsatta laf mı sokacaksın. Ahahah!"

"Ciddi bir şey konuşuyoruz şurada."

Tam o sırada on yaşlarındaki küçük bir kızın elinden tutmuş, devlet memuru kılıklı bir adam bu iki gence baka baka yanlarından geçti gitti. Noboru konuşmasına devam etti:

"Şaka bir yana; ne kadar güzel olursa olsun, ne ben onunla ilgileniyorum ne de o benimle ilgileniyor."

"İlgilenmediğin için zaten dönüp şöyle bir bakmadın."

"Diyeceklerimi dinle: Sadece o kadın için demiyorum; ne kadar güzel olurlarsa olsunlar, kadınların hiçbiri ilgimi çekmiyor. Çünkü önem verdiğim biri var."

"Gerçekten mi? E, hayırlısı olsun."

Noboru "Tek taraflı olduğu için hiç de hayırlı falan olmuyor. Karşılıksız sevgi dediklerinden işte. Ne kadar utanıyor olursam olayım, onun yüzünü görebilmek için her gün evine uğruyorum. Ama benimle iki çift laf dahi etmiyor," derken Osei'ye garip bir şekilde baktı. Bakışların ardında gizlenen anlamı çözemeyen Osei gülümsedi.

"Ne sevimsiz biriymiş. Ahaha!"

"Ama düşününce kibar davranması mantıksız olurdu. Sevgilisi olduğunu duymuştum zaten. Sadece..."

"Saat kaç oldu?"

"Ne kadar kendime bunun doğru olmadığını söylesem de kontrol edemiyorum. Şu sıralar rüyalarıma bile girmeye başladı..."

"Of, kapatalım şu konuyu. Biraz daha ilerlesek mi?"

"Buraya gelmeyi planladığımızdan beri birlikte vakit geçirdiğimiz tek zaman, yürüdüğümüz anlar oldu. Annesi de sürekli yanı başında bitiyor, konuşamıyoruz hiç..."

Osei "Anne demişken... Benimki nerelerde acaba?" diyerek, arkasını dönüp bakındı.

Noboru duygulanarak konuşmasına devam etti: "Sonunda bir şeyler söyleme fırsatı buldum ama sen neden bahsettiğimi bilmiyormuş gibi davranıyorsun. Çok gaddarsın..."

Osei gülerek "Böyle dalga geçmen hiç hoş değil," dedi ve Noboru'ya döndü.

Çok ciddi bir ifadesi olan Noboru, üzgün bir şekilde cevap verdi: "Şaka değil ki. Böyle bir şeyi söylemenin benim için ne kadar zor olduğunu biliyorsun."

Sıkıntıyla derin bir nefes aldı. Osei, hiçbir şey demeden bakışlarını yere indirdi.

"Seni bu konuda zorlamak istemiyorum. Sadece hiç şansım olmadığını söyle bari, ben de unutup gideyim. Bir daha seni görmek için uğraşmam... Osei..."

Osei, hiç cevap vermeden durdu.

Noboru "Osei," diyerek başını öne eğmişti, genç kadının yüzünü gizlice izliyordu.

Osei, telaşlanmış gibiydi. En sonunda fısıltıyla "Yalan söylüyorsun, değil mi?" dedi.

Noboru bir kahkaha patlattı.

Osei irkilerek gözlerini kaldırdı. "Çok kötü... Çok kötü... Ne üzücü, Noboru... Çok ciddi davranıyorsun, korkuyorum." Osei'nin sesi, öfke ve sitem doluydu. Çok garip bir gülümseme yerleşti yüzüne.

Bir anda arkalarından "Kesin ikiniz de," diyen sesi işitince şaşkınlıkla o tarafa döndüler. Omasa, kuşağının arasına bir cüzdan sıkıştırmış, onlara doğru geliyordu.

"Uzlaşmaya varamamış gibisiniz," dedi Noboru.

Osei'nin yüzüne bakarak "Çok beklettim," dedi Omasa. "Hayırdır, ne oldu? Kıpkırmızı kesilmişsin."

Osei'nin yüzü daha da kızardı. "Of, yürüyünce sıcak bastı..."

"Gerçekten Noboru, bu çocuk para konusunda çok sorunlu. Sınavları başlamadan önce beni görmeye geldi ve harçlığından bir yen avans aldı. Onu da on gün içinde bitirmiş, daha fazlasını istedi. Evde olsaydık zırnık koklatmazdım."

Osei zoraki bir kahkaha atarak "Bu doğru değil, anne. Ona para vermeyi seviyorsun," dedi.

"Bir dakika sus lütfen. Bu konuda hiçbir şey bilmiyorsun. Dediğim gibi; evde değildik, bu yüzden ona elli sen verdim ama yeterli olmadığını söyledi. Bir yen istedi. Bu sefer de para verirsem, bunun sonunun gelmeyeceğini düşündüm. Hayır, dedim, hâliyle istemeyerek de olsa elli seni aldı ve yarından sonraki gün Asukayama'da spot günü gibi bir şeye katılacağını söyledi..."

Osei gerçekten eğlendiğini belli eden bir kahkaha attı.

Noboru, Omasa'nın hatasını düzelterek "Spor günü," dedi.

"Spor veya spot işte, her neyse ne. Sonuçta elli sen daha istedi benden. Parayı almak için yarın eve uğraması gerektiğini söyledim. Ama hemen o an almakta ısrar etti; yani normalde sadece bu olsa neyse de, zırvaladı durdu. 'Yarın gelecek misin?' dediğimde 'Parayı aldım ya, niye geleyim? Param bitince gelirim,' diye cevapladı."

"Anne, bir spor müsabakası için ücret alınsa bile, bu on ya da yirmi senden fazla olmaz."

Omasa "On ya da yirmi sen mi? Benden otuz sen fazla aldı o zaman..." deyince, Noboru ve Osei kahkahalarını tutamadı.

BÖLÜM 8
DANGOZAKA GEZİSİ - 2

Osei ve Omasa evden gidince Bunzō, nihayet az da olsa rahat bir nefes alabilmişti. Masasına yerleşti, kollarını göğsünde kavuşturdu, acı dolu düşünceleri arasında kaybolmaya başladı.

Osei ile arasındaki ilişki onu çok üzüyordu. Böyle sıradan sorunlar için endişelenmenin akıllıca olmadığını içten içe biliyordu ama elinden bir şey gelmiyordu.

Bunzō, âşık insanların birbirlerine bağlandığını, ayrı hareket edemeyeceğini düşünüyordu hep: Biri mutlu olduğunda diğeri de mutlu olur, birinin üzüntüsünü diğeri de paylaşırdı, neşe ve keder her birine sırayla gelirdi. Âşık insanlar birlikte güler, birlikte öfkelenirlerdi. Zihinleri ve kalpleri hep birdi; aynı duygu ve düşüncelerle harekete geçerlerdi. Asla anlaşmazlığa düşmezler, asla uyumsuzluğu tatmazlardı. Bunzō, tüm bunlara inanırken nasıl olur da Osei'nin, kendi yaşadığı ıstırapları paylaşmadığını kabullenebilirdi?

Bunu anlayamıyordu işte. Osei'nin kendisine karşı neden kayıtsız olduğunu anlayamıyordu. Osei'nin kendisini sevdiğinden emindi. Başka hiçbir şey, davranışlarındaki değişimi açıklamaya yetmezdi. Artık tecrübesiz, hiçbir şey bilmeyen bir genç kadın değildi; nazik ve kibar birine dönüşmüştü. O unutulmaz yaz gecesinden sonra bu kadar anlayışlı olmasının, ona özel bir şekilde bakmasının ve onunla konuşurken garip davranmasının nedeni, düşünceli ve dalgın hâllerinin nedeni bu olmalıydı. Hatta evlilik söz konusu olduğunda, şakayla karışık bir şekilde onun ağzını yoklamasının da sebebi bu olabilirdi. Eğer bunlar değilse, başka nasıl bir açıklaması olabilirdi? Ve eğer onu sevmeseydi, bir yabancıyı savunmak için kendi annesinin karşısında durur muydu?

"Hayır, hayal falan görmüyorum... Başka açıklaması olamaz. Fakat... Yine de sevgilimi, Osei'yi; sevmeye ve değer vermeye yemin ettiğim, her nefesini, her düşüncesini, duygusunu paylaştığım o kadını yüzüstü bıraktım. Yaşadığım acıların farkında olmamasına imkân yok; kuzeni, en yakın arkadaşı, müstakbel kocasıyken... Ah, müstakbel kocası... Düşüncesi bile zorluyor beni! Benim ıstıraplarıma tanık oldu ve evde kalma kararımı büyük bir kayıtsızlıkla kabul etti. Fakat Noboru'dan en az benim kadar nefret ettiğini iddia etmesine rağmen onunla geziye gitti. Böyle bir zamanda o adamla geziye gitti... Anlam veremiyorum."

Olan bitene hiçbir anlam veremeyen Bunzō, tüm varlığıyla Osei'nin tüyler ürpertici kayıtsızlığının ardında yatanları keşfetmeye çalıştı. Kesinlikle bir veya birden fazla nedeni olduğuna emindi. Sebebini bulamayınca "Of, çok irdelememeliyim," diyerek kendisine gelmeye çalışsa da sinirlenmeye başladı. İçindeki şeytani duygular kıpırdanmaya başlamıştı, onunla alay ediyorlardı resmen. Sonunda bu şeytanlar, akla, mantığa sığmayacak bir fikri kabul etmesi için genç adamı baskılamaya başladı. Bunun ne kadar saçma olduğunun az çok farkındaydı ama o an için fikri kabullendi. Bu fikirden yepyeni bir olaylar zinciri inşa edene kadar dur durak bilmeden düşündü. Bu uyduruk varsayımın gerçek olması durumunda yaşayacağı acı ve ıstırabın aynısı yüreğini parçaladı. Sonunda ne olduğunu anlamıştı: Gülünç bir varsayımdan ibaretti. Resmen kendisine sıkıntı çıkarmaya çalışmıştı. Kendinden iğrenmenin verdiği öfkeyle, bu varsayımlarını yok olana kadar parçaladığını hayal etti. Sonunda rahatlamış, derin bir nefes alabilmişti.

Daha net görebilmek için bir adım gerileyerek sorunun derinlerine inmeye çalıştı. İçindeki şeytanlar, genç adamı bir başka varsayımı daha gerçek olarak kabul etmesi için baskılamıştı. Bunu da yerle bir etti. Fakat bu şeytanlar durmadı; üçüncü, dördüncü ve daha fazla varsayımları Bunzō'ya dayatmaya devam ettiler. Genç adam tıpkı ilkine yaptığı gibi hepsini paramparça etti. Hiçbir inandırıcı çözüm Osei'nin kendisine neden soğuk davrandığını açıklayamıyordu, onun o günkü davranışının anlamını kavratamıyordu. Tüm gücünün tükendiğini hissetti, sorunun derinlerine inebilmek artık imkânsız bir hâl almıştı. Yere uzanarak koluna yaslandı, gözlerini kapadı ve rahatlamaya çalıştı. Bir anlığına da olsa işkencesinden kaçmak istedi; yükümlülüklerini, başarısını, yengesini, Osei'yi ve geri kalan her şeyi unutmaya çalıştı. Ceset gibi hiç kıpırdamadan uzanıyordu, nefes bile almıyordu. Birden ayağa kalktı ve "Ya o, Noboru'ysa?.." diye haykırdı fakat cümlesinin sonunu getirmeye cesaret edemedi. Tüyleri diken diken olmuştu, aradığı bir şeyler varmış gibi odanın dört bir köşesini gözleriyle taradı.

Bu kuşku nasıl kalbinde yer edinebilmişti? Gökten mi düşmüştü yoksa dünyanın merkezinden mi yükselmişti? Istıraplarından doğan bir başka varsayım mıydı yoksa? Nereden veya nasıl geldiğini bilmiyordu, bir anda bitivermişti. Tek bildiği, Osei'nin umursamazlığının nedenini kavramakta zorlanmasının temelini sonunda görebildiğiydi.

Bunu kabul etmeye hazır değildi. Doğru olduğuna dair hiçbir kanıtı yokken, haklılığından nasıl emin olabilirdi? Osei'nin davranışlarını dikkatle gözden geçirdi, böyle olduğuna dair hiçbir işaret bulamadı. Osei, aklı bir erkek tarafından kolayca çelinebilecek kadar gençti henüz ve onun, kendisine sadık kalacağına güvenemeyeceğini de gayet iyi biliyordu. Ama bir kadının, büyüdüğünde nasıl biri olacağı az çok tahmin edilebilirdi. Bunzō, Osei'nin bir gün iyi bir kadına dönüşeceğini biliyordu. O; zekâsı, zarafeti, neşesi için sevilmeli ve saygı görmeliydi. Yeni ve kârlı bir eğlence ararken, erdemli görünen bir ikiyüzlü ya da iri yarı, cesur bir adam tarafından kandırılabilirdi ama Noboru gibi bir canavar tarafından kandırılması mümkün değildi. Bunun için fazla zeki bir kadındı Osei. Bunzō'ya hayranlık ve saygı duyarken, Noboru'yu, tıpkı bu canavarın hak ettiği şekilde aşağılamıştı. Sevginin, saygıdan asla ayrı düşmeyeceğinden ve hiçbir kadının saygı duymadığı bir erkeği sevemeyeceğinden emindi.

"Ya yanılıyorsam? Endişelenecek hiçbir şey yoksa?" dedi ama hâlâ endişeleniyordu. İçi içini kemiriyordu. Belki kendisine gelirse yok olabilirdi bu şüphe; ağrıyan başını salladı ama hâlâ oradaydı. Küçücük bir şüphe olabilirdi ama görmezden gelinemeyecek kadar gıdıklayıcı, aynı zamanda uğursuz ve korkutucuydu.

Bunzō dehşete düşmüştü. Bu şüphe göğsünün ortasında yer etmeden önce neyi ortaya çıkarmak üzereydi? Çok geç olmadan aklından çıkarmak istediği bu fikri yok etmeye çalıştıkça haklı olduğu yüzüne çarpıyordu. Şüphe neredeyse kesinliğe dönüşmüştü. Genç adamın kanı dondu...

Memleketten bir mektup gelmişti. Bu mektup sayesinde zihnini meşgul edebilir, o tüyler ürpertici düşüncelerden sıyrılabilirdi. Açlıktan ölmek üzere olan bir kartalın küçük bir kuşu avlaması gibi mektubu eline aldı, hiç zaman kaybetmeden mührünü parçaladı. Güçlü ve yüksek bir sesle okumak için kendini zorladı. Yarısına gelince durdu, sessizleşmişti. Aklı tekrar sorunlarına gitti. Tekrar okumaya başladı. Bir kez daha sesi kısıldı ve kara kara düşünmeye başladı. Kafasını kaldırdı ve bir kahkaha patlattı. "Çok saçma. Neden ondan böyle korkunç bir şey için şüpheleneyim ki? Eve geldiğinde ona tüm bu aptalca fikirlerimi anlatacağım ve gülüp eğleneceğiz. Bu sayede tüm şüphelerim ve ıstıraplarım yok olacak." Bir kahkaha attı ve rahatladı.

Annesinin mektubuna geri döndü, sessizce okumaya başladı. İlk seferinde dikkatini veremediği için mektubu tekrar okumak zorunda kaldı. İşten kovulduğunu söylediği mektubuna cevap yazmıştı annesi. Bazı insanların yaptığı gibi üstüne gitmemiş ya da kaderinden yakınmamıştı. Yaşadığı hayal kırıklığına rağmen, olayların bu şekilde gelişmesini metanetle karşılamıştı yaşlı kadın. Yine de mektubun sonuna, mutsuz olduğunu belli eden bir not bırakmaktan kendini alamamıştı.

"Saçma bulabilir veya gülebilirsin fakat mektubun geldiğinde senin adına dua etmek üzere tapınağa gittim. Çayı bırakacağıma söz verdim ve hemen başka bir iş bulmanı istedim. Senin için dua ettiğimi unutma..."

Genç adam, mektubu yere bıraktı ve kollarını göğsünde kavuşturdu. Omasa ona olan ilgisini çoktan kaybetmişti; kendi annesi ise tamamen farklıydı. Annesi, onu değersiz ve aptal olmakla suçlamıyordu ve onu cesaretlendirmek için kendisine kalan birkaç zevkten birini feda etmeye hazırdı. Onun olağanüstü sevgisi ve bağlılığı gözlerini yaşartmalıydı, biliyordu. Ama ağlamadı. Sadece Osei'nin artık eve gelmesini istiyordu, onu özlemişti. "Hay! Neyim var böyle?" diye haykırdı öfkeyle. "Annem çok endişeli ama ben burada oturmuş, Osei'yi düşünüyorum. Kendimden utanmalıyım," diye devam etti. Osei'yi tekrar görmeden dışarı çıkmak istemiyordu ama "Şimdi çıkıp iş bulmaya çalışayım," diye düşündü. Hemen kendisini toparladı ve "Osei dönmeden halledeyim," dedi.

Kendi kendine öfkeyle mırıldanarak yemeğini yedikten sonra evden çıktı. İngilizce öğretmeni olan ve aynı zamanda onun ilk işini bulmasını sağlayan, İshida adında bir adamı aramak için Banchō'ya doğru yürümeye başladı.

İshida, İngiltere'ye gittiğinden dile oldukça hâkimdi. Orada ekonomi bölümünde uzmanlık yapmış, Japonya'ya döndüğünde ise bir ekonomist olmayı planlamıştı. Ancak bahsetmek istemediği bir sebepten, bunun yerine geçici olarak İngilizce öğretmenliği yapmaya başlamıştı. Bu "geçici" işte sekiz yıldır çalışıyordu. İshida ayrıca, İngiltere'de tanıdığı pek çok entelektüelden birinin de ünlü Herbert Spencer[1] olduğunu söylemişti. Fakat yalnızca birkaç kez selamlaşmışlardı, hâliyle onca yıldan sonra tekrar karşılaşsalar birbirlerini tanıyıp tanımayacakları şüpheliydi.

Orada birkaç yıl yaşadığından, doğal olarak İshida, İngiliz toplumuna oldukça aşinaydı. İnsanların günlük hayatını oluşturan her şeyi biliyordu: Parlamento binalarının ihtişamı, Londra'nın refahı, rengârenk atlar ve arabalar, menüler, giysiler, bastonlar ve ayakkabılar, her iki milletin de kullandığı çeşitli nesnelerin isimleri... İs-

[1] Herbert Spencer (1820-1903): İngiliz filozof ve sosyolog. –ed.n.

kambil oynayabiliyor; siyah çayın iyisini kötüsünden, sadece tadına bakarak ayırt edebiliyor; parmak uçlarıyla sigara sarabiliyor ve tek eliyle burnunu silebiliyordu.

Öte yandan, Japonların yaşamı hakkında kesinlikle hiçbir şey bilmiyordu. Ama bu cahilliği, onu hiç mi hiç rahatsız etmiyordu. Hatta ister bir obje ister bir fikir olsun, önünde "Japon" sıfatı olan hiçbir şeye önem vermezdi. Henüz orta yaşlarında olmasına rağmen, tıpkı yaşını başını almış biri gibi geçmişte yaşıyordu.

Bu adam, karşılaştığı herkese yurt dışı maceralarını hevesle anlatırdı. Onu durdurmak neredeyse imkânsızdı. Bu konudan başka anlatacak bir şeyi olmadığından, durdurulunca direkt konuşmayı keserdi. Onu tanıyan neredeyse herkes, hakkında muhakkak negatif birkaç düşünceye sahipti: Bazıları onun tembel olduğunu, bazıları cüretkâr olduğunu, bazıları da gülünç derecede kibirli olduğunu söylüyordu. Başka ne hissederlerse hissetsinler, hepsi bir noktada hemfikirdi: Korkunç derecede kibirliydi. Bazıları ise tüm hatalarına rağmen iyi biri olduğunu söylerdi. Bu zekice bir fikirdi çünkü belli bir hırsı olmadığı için, istediği kadar tembel, küstah ve kendini beğenmiş davranmakta özgürdü. Elbette sadece gayesiz olduğunu göstermek için bu kadar kötü davranmış olması da mümkündü. Her hâlükârda Bunzō, onu zararsız bir insan olarak görüyordu.

Bunzō, sonunda eve vardığında İshida'yı orada buldu. Ona, ofiste olanları ve yeniden iş aradığını anlattı. İshida hemen yardım etmeyi kabul etti ama o kadar kayıtsızdı ki Bunzō'da ciddi olup olmadığı konusunda bir şüphe uyandı.

İshida "İngiltere'de olsaydık sana kolayca bir iş bulabilirdim ama burada durum çok farklı. İster inan ister inanma fakat İngiltere'de her türlü bağlantım vardı. Sadece *Times* kadrosunda bile..." diye konuşurken hatırlayabildiği tüm isimleri sıraladı. Bunzō, İngiltere'deki nüfuzlu dostlarını anlatışını defalarca dinlemişti ama şu durumdayken bunu adama söyleyemezdi. Tek başına oynadığı sıkıcı rolü boyunca oturmak o kadar zordu ki, saatler ilerledikçe genç adam kıpırdanmaya ve mırıldanmaya başladı. Sonunda gitme zamanı geldi, sabrı yeniden ödüllendirilmiş gibi hissetti.

"Gazeteler için yapılması gereken bazı çeviriler var," dedi İshida. "Yarından sonraki gün gelirsen seni birkaç kişiyle görüştürürüm."

İshida'nın bu teklifini duyunca Bunzō'nun ağzı kulaklarına vardı.

"Yani, bu sadece gazete işi. İngiliz gazeteleriyle karşılaştırıldığında buradakiler bir hiç gibi: Çok aptal ve basitler."

Bunzō, İshida'nın yeniden zırvalamaya başlamasından korkarak, çabucak vedalaşıp evden çıktı. Genç adam kapıdan çıktıktan sonra rahat bir nefes aldı, neşeyle eve koştu. Osei'yi görmeyi, onunla aptalca şüpheleri ve korkuları üzerine konuşmayı çok istiyordu. Ona olan inancının bunların üstesinden gelmesine nasıl yardımcı olduğunu göstermek istiyordu. Osei'yi evde göremeyince hayal kırıklığına uğradı. Onabe'ye sorunca, genç kadının geziden döndüğünü ama hamama gittiğini öğrendi.

Odasına çıktı, lambayı yaktı ve Osei'nin hamamdan dönmesini beklemeye başladı, kalbi sabırsızlıkla çarpıyordu. Tel örgülü kapının açıldığını duyuncaya kadar geçen her bir dakika, bir ömür gibi hissettirmişti. Koridorda yankılanan cıvıl cıvıl sesi ve merdivenleri çıkmaya başlayan ayak seslerini işitti. Osei'nin parlak, siyah saçları hâlâ nemliydi, üstelik kadife gibi görünüyordu. Mücevher gibi parlayan o bembeyaz cildi, banyo yaptığını belli eden bir pembelikle donatılmıştı. Yüz hatlarındaki muzip hava, nazikçe gülümseyen dudaklarının güzelliğini azaltmaya yetmiyordu. Onu görünce Bunzō tüm endişelerini unuttu. Dudaklarına yayılan kocaman bir gülümsemeyle onu karşıladı:

"Hoş geldin! Dangozaka gezin nasıldı?"

Osei "Pazar günü olduğundan ve hava güzel olduğu için çok kalabalıktı," diye cevap verdikten sonra oturdu. Elleriyle yüzünü kapattı. "Kendimi çok kötü hissediyorum. İstemediğimi söylememe rağmen Noboru bana biraz sake içirdi..."

Bunzō sanki kızın ne dediğini anlamamış gibi "Peki ya annen?" diye sordu.

"Hamamdan sonra alışverişe gitti hemen. Noboru'ya bitiremeyeceğimi söylediğimde bana yardım edeceğini söyledi ama zaten deli gibi içip sarhoş olmuştu. Bilincini yitirene kadar içti durdu."

Genç kız konuşmaya devam ederken, Bunzō'nun dudaklarındaki gülümseme kaybolmaya başladı.

"Biz eve geldikten sonra, sinirime dokunan espriler yaptı durdu. Annem onu durdurmaya bile çalışmadı, sadece bu gece her şeyi görmezden geleceğini söyledi. Tabii ki Noboru da bunun, istediği kadar aptalca ve cüretkâr davranması için bir izin olduğunu düşündü." Genç kadın yaşananları hatırlayınca güldü. Sonra "Çok hoyrat biri," dedi.

Bunzō artık gülmüyordu, öfkelenmişti. Kaşlarını çatarak "Çok eğlenmiş gibisin," dedi.

Osei, kuzeninin kendisine laf sokmaya çalıştığını anlamamış gibi görünüyordu. Kısa bir sessizlikten sonra tekrar güldü. "Gerçekten de çok hoyrat," dedi. Birden genç adamın tüm planları suya düşmüştü. Un ufak ettiği şüphelerden nasıl bahsedebilirdi? Osei'nin kendisine olan sadakatini itiraf etmesini nasıl bekleyebilirdi? Onun Noboru'yla birlikte içmiş olması umurunda değildi, bu hiçbir şeydi. Bir kereliğine de olsa Noboru'nun kendisiyle flört etmesine izin vermesini affedebilirdi, ne de olsa insanlar sarhoş olduklarında aptalca davranırlardı. Ahlak şakşakçılarından değildi. Aslında Osei'nin söylediklerinde onu bu kadar üzecek bir şey yoktu ama yine de tüm şüpheleri ve korkuları yeniden can bulmuştu. Neden o alçak Noboru'dan bu kadar hoş bir ses tonuyla söz edip duruyordu ki? Genç kadının, aklından geçenleri anlamadığının farkındaydı. Bunzō bakışlarını başka yöne çevirmişti, sessizliğini korudu.

Osei "Yüzünden düşen bin parça, hayırdır?" diye sordu.

"Yok bir şeyim."

"Ah, iyi. Otome[1] denen kız için endişelendiğini düşünmüştüm."

Bunzō ona inanamayarak baktı. Osei, nasıl böyle saçma bir şey düşünebilirdi? Derin bir nefes aldı.

"Haklıyım, değil mi? Bu yüzden bana cevap vermiyorsun."

---

[1] Yazar notu: Bunzō'nun annesinin yazdığı mektupta bahsi geçen, evlenmesini istediği genç kadın.

"Keşke bu kadar basit olsaydı. Bugün annemden bir mektup geldi; işimi kaybettiğim için çok endişelenmiş, ben iş bulana kadar da hiç çay içmeyecekmiş."

"Çay içmeyecek miymiş? Ahahah! Ne kadar demode..."

Bunzō, genç kadına sertçe baktı. "Sen bunu eğlenceli bulabilirsin ama bence öyle değil. Geleceğimi belirsizliğe sürüklediğimi ve annemi bu kadar endişelendirdiğimi düşündükçe kendimi çok kötü hissediyorum. Bir de senin annen var..."

"Yine bir şey mi söyledi?"

"Hayır, o günden beri söylemedi. Ama bana çok kötü bir şekilde bakıyor, hiç konuşmuyor. Ve şimdi..." İçinden onun hakkındaki düşüncelerini söylemek geliyordu ama ona ne kadar kıskanç olduğunu göstermek istemedi. "Her neyse, hemen bir iş bulmaya çalışmam gerektiğine karar verdim ve İshida'yı görmeye gittim. Fakat maalesef ona bel bağlayamayacağım. Cesaretim çok kırıldı. Kendim için bu kadar sorun etmezdim ama benim yüzümden her şey yarım kaldı."

Osei'nin yüreği burkulmuştu. Canları sıkılmış iki genç, birlikte bir süre sessizce oturdu. Bir süre sonra Osei esnedi.

"Çok yorgunum. Sanırım hemen yatacağım. İyi geceler," dedi ve ayağa kalktı. "Bu arada Bunzō, şefin baldızını tanıyor musun?"

"Hayır."

"Onu bugün Dangozaka'da gördüm. On yedi yaşlarında ve çok güzeldi. Fakat Batılı tarzda topladığı saçlarına hiç uymayacak eski moda bir makyaj yapmıştı. Yani pudra, güzel bir şey ama nasıl olduysa çok çirkin durmuştu onda. Of, ne kadar aptalım! Yine dedikodu yapmaya başladım. Neyse, iyi geceler."

Koridorda, eve henüz varmış annesiyle karşılaştı. "Osei! Ne diye yukarı çıkıyorsun?"

Çileden çıkan kız, doğrudan odasına gitti ve hızla geceliklerini giydi. Birkaç dakika boyunca gazeteye göz gezdirdi. Kısa bir süre sonra gazete avuçlarından kaydı. Gözleri fal taşı gibi açık, kıpırdamadan sessizce yatıyordu. "Neden?" diye merak etti. "Bunzō neden bu kadar ağırbaşlı olmak zorunda?"

Osei, esnedikten sonra gülümsedi. Öne doğru eğildi, yastığının yanındaki lambayı söndürdü. Başını yastığa koyarak yatağına uzandı. Çok geçmeden, kolayca derin bir uykuya daldı.

BÖLÜM 9
BİR TEDİRGİN YÜREK

Çoktan 4 Kasım gelmişti. Hava hâlâ güzeldi; gökyüzü bulutsuz ve masmaviydi. Fakat Bunzō'nun keder ve hüzünle dolup taşan kalbini bulutlar kaplamıştı. Bunzō sabahtan beri odasından hiç çıkmamış, bir başına endişelerle savaşıyordu. Dün kahvaltıda yengesine İshida'ya yaptığı ziyareti ayrıntılarıyla anlatmıştı. Kadının ilgisizliği, yüzünden okunabiliyordu, sanırım Bunzō onun için bir yabancıdan farksızdı artık.

Saat bir civarında İsami eve geldi ve Bunzō'nun odasına çıktı. Çocuksu bir edayla, aklına gelen her şeyi anlatmaya başladı. Ne Bunzō'nun ona cevap verip vermediğine dikkat ediyordu ne de düşüncelerinin aptalca ve çocukça olduğunu umursuyordu, sadece dedikoduları anlatmakla meşguldü. Hiç ara vermeden çeşit çeşit konularda zırvalıyordu: Farklı güreş türleri, jimnastik, müzik, gözetmenle yaptığı ağız dalaşları, çocukların yemekhanedeki yemekleri beğenmeyince cesurca yönetimin karşısına çıkmalarından sınavlarıyla ilgili sorulara ve neden başarısız olduğuna kadar her şey. Bunzō ilk başta çocuğun söylediklerine odaklanabilmek için kendisini zorladı ancak kısa sürede ilgisini tamamen yitirdi. Düşüncelerinin kendi sorunlarına, Osei ve gelecekleri hakkındaki şüphelerine geri dönmesine izin verdi. Zaman zaman dudakları arasından, sıkkınlığını belli eden bir 'Ah,' dökülüyordu.

Osei, başını sallayarak merdivenlerden yukarı çıktı ve "İsami!" diye seslendi.

Çocuğun hiç umurunda olmadı bu. "Bu yüzden ben de hemen atıldım ve lafımı söyledim. Sizce de teknedeki oturma düzenini sınıftaki yerimize göre ayarlamak çok aptalca değil mi?"

"İsami, sana diyorum! Kulaklarının nesi var?"

"Çatlamayın hemen ya! Ne oldu?"

"Annem gömleğindeki yırtığı dikecekmiş. Çıkar şunu."

İsami gömleğin düğmelerini yavaşça açmaya başladı. "Oturma düzenini öyle yapmalarının nedeni nişanlarımızmış, öyle dediler. Nasıl desem? Çok aptalca bir fikir bence; sınıf düzenine göre..."

"Biraz acele edemez misin?" diye Osei tekrar seslendi. "Burada dikilmiş, seni bekliyorum."

"Bu kadar acele etmene gerek yok. Bu çok ayıp."

Osei tersleyerek "Ayıp mı? Bu ayıp kelimesi de dilinden düşmüyor, hayırdır? Senden acele etmeni istiyorum ama hâlâ mıy mıy hareket ediyorsun. Çok sinir bozucusun. Daha fazla beklemem, elini çabuk tut."

"Eminim ki İngilizce 'bridle path'[1] kelimesini bile bilmiyorsundur. Ya da 'I was at our uncle's'[2] veya 'I will keep your...'"

"Dur, ses çıkarma bir!" Osei, aşağıda bir şeylere kulak kesilmiş gibiydi. Kocaman gülümseyerek "Noboru geldi sanırım," dedi ve merdivenlerden aşağı koştu.

"Abla, gömleği almayacak mısın? Ya sabır! Gitmiş bile. Son zamanlarda çok ukala davranışları olmaya başladı. Geçen gün epey kavga ettik. Üzerinde 'Sonoda Seiko' yazan bir kartvizit yaptıracağını söyledi çünkü kulağa çok asil geliyormuş. 'Oseikko'nun onun için yeterince iyi olduğunu söyledim ve çok sinirlendi. Bir kadının kartvizit yaptırmak istediğini düşünebiliyor musunuz?"

O zamana kadar başka şeylere dalıp gitmiş olan Bunzō kahkahayı patlattı patlatmasına ama garipseme-

[1] (Tr.) Atlı yol. –ed.n.

[2] (Tr.) Amcamızın evindeyim. –ed.n.

den de edememişti. Genç diyalektikçi keskin zekâsının ödüllendirildiğini düşündü ve gururla merdivenlerden inerken "Oseikko onun için yeterince iyi," diye tekrarladı. "Bir kadının kartvizit yaptırması... Çok ukalaca..."

Bunzō birkaç dakika boyunca kollarını göğsünde kavuşturmuş bir şekilde, aynı pozisyonda oturmaya devam etti. Birden aklına bir fikir geldi, ayağa kalktı, haorisini değiştirdi, şapkasını eline aldı ve aşağı indi.

Oturma odasının kapısını araladı. Noboru, hibachinin yanında bağdaş kurmuş, oturuyordu. Osei onun yanına yayılmış, hülyalı hülyalı şakıyordu. Genç diyalektikçi başını eğmiş, buharda pişmiş bir tatlı patatesin kabuğunu soymaya odaklanmıştı. Çıplak tenine bir kıyafet geçirmeden direkt paltosunu giyivermişti. Omasa önündeki dikiş kutusuyla yırtık gömleği beceriksizce dikmekle meşguldü.

Noboru, Bunzō'ya göz kırptı. Osei dönüp kuzenine baktı ama yüz ifadesi soğuk ve ilgisizdi, sanki içeri kimin girdiğini çok da umursamıyormuş gibiydi. Hızla arkasını dönerek "Gerçekten mi?" diye sordu. Noboru'nun gözlerinin içine bakıyordu.

"Gerçekten."

"Umarım yalan çıkmaz..."

Konunun ne olduğunu dahi bilmeden onları dinlemek hiç hoş değildi. Bunzō, yengesine "Ben Banchō'ya gidiyorum," dedi ve ayağa kalktı.

Noboru onu durdurdu. "Sana söylemek istediğim bir şey var, Utsumi."

"Acelem var."

"Diyeceklerimin de acelesi var."

Bunzō, büyük bir çaba sarf ederek gözlerini Noboru'nun yüzüne dikti. Bir an göz göze gelmişlerdi. Bunzō isteksizce odaya girip oturdu.

Omasa, dikişi bir kenara bıraktı ve tuhaf bir ifade ile Noboru'ya baktı. "Ofisten duyduğuma göre, işten çıkardıkları birkaç memuru geri alacaklarmış. En azından şefin söylediklerinden öyle anladım. Uzun süre işsiz kalmayı göze alamazsın, yengen ve tabii ki Osei..." derken sinsice Osei'ye baktı ve sırıttı. Genç kadın, suratını astı ve kızmış gibi yaptı. "Senin için çok endişeleniyorlar. Ben de eski işini geri almayı denemek isteyebileceğini düşündüm. Eğer kabul edersen, kimi seçeceklerine karar vermeden önce şefe haber vermen gerekiyor. Eğer kendisiyle görüşmekte zorlanırsan senin için onunla konuşur ve seni överim. Fena olmaz mı?"

"Çok naziksin," diye başladı Bunzō ama bir süre sonra sesi kesildi. Kızgınlığını gizlemeye çalışsa da duyguları, yüzünden okunuyordu.

Noboru, onun tereddüdünü anlamakta gecikmedi. "Hoşuna gitmedi mi? Eğer istemezsen hiçbir şey söylemem. Her şey sana bağlı. Ama bu seferlik gururunu bir kenara bıraksan iyi olmaz mı?"

Bunzō'nun rengi attı.

"Boşuna dil dökme," diye araya girdi Omasa. "Bizim Bunzō çok gururludur. Böyle mantıksızca bir şey yapması mümkün değil."

"Sahiden mi? Bu gerçekten de çok asil bir davranış aslında. O zaman sana kaba davranmış oluyorum," dedi Noboru gülerek.

Bunzō onun sözleri karşısında bembeyaz kesildi. Öfkeyle titremeye başladı; yumruğunu sıktı, dişlerini gıcırdatarak Noboru'nun yüzüne nefretle baktı. Sanki ona saldıracakmış gibi görünüyordu ama kendini toparlamayı başardı, sakinleşti. Odaya negatif bir enerji çökmüştü, herkes kendisini garip hissetmeye başladı. Çıt çıkarmıyorlardı. İsami, yediği patates yüzünden yanağı şişmiş bir şekilde Bunzō'ya bakıyordu. Osei de şaşırmıştı, olan biteni dikkatle izliyordu.

"Osei bana bakıyor," diye düşündü Bunzō. "Gerçekten, bir şekilde karşılık vermeliyim. Keşke söyleyecek bir şey bulabilsem; şöyle okkalı bir küfür mesela... Tek bir kelimeyle onu yere sermek, burnunu kırmak ve çirkin suratını kıpkırmızı yapmak isterdim." Öfkesine rağmen doğru kelimeyi bulamamıştı. Tekrar Osei'ye baktı; hâlâ onu izliyordu. Genç adam "Diyeceklerinin hepsi bu mu?" diye sordu kısık sesle. Kelimeler dudaklarından dökülür dökülmez tüyleri ürperdi.

"Hepsi derken?" Noboru onun ne demek istediğini gayet iyi bildiği hâlde sormuştu.

"Benden istediğin tek şey bu mu?" diye sorarken Bunzō kızardı, üstünlüğü ele geçiremediği için canı sıkılmıştı.

"Evet, bu kadar. Tüm söylemek istediğim buydu."

Ortamdaki negatiflik dayanılacak gibi değildi. Bunzō hafifçe başını eğerek ayağa fırladı ve odadan çıktı. Daha birkaç adım atmıştı ki arkasından, kulakları sağır edecek bir patırtı koptu. Öfkeden titrerken, yine rengi atmıştı. Gözlerini odanın kapısına dikmiş, olduğu yere çakılıp kalmıştı. Sonunda kendini evden dışarı sürükleyecek kadar toparlandı.

Çok utanmıştı. Kalbinin yerinden fırlayacağını hissedene kadar büyük bir çabayla içindeki öfkeyi bastırdı. İğrenç iğnelemelere maruz kalmıştı, hem de Noboru gibi bir köpek tarafından. Üç gün öncesine kadar aynı ofiste ve benzer işlerde çalışıyorlardı fakat şimdi Noboru, onu fena hâlde alaya almıştı. Bu saf kötülük gösterisine sebep olan neydi? Onun bu saldırısının arkasında ne vardı?

Bunzō, Noboru'nun kendisine ağza alınmayacak şeyler demesine rağmen, bu zamana kadar gıkını çıkarmamış, ona hakaret etmemişti. En azından böyle bir şey olduğunu hatırlamıyordu. Ona rağmen Noboru, sanki istediği herkese hakaret etme özgürlüğüne sahipmişçesine, en ufak bir gerekçe göstermeden ona pislikmiş gibi davranmıştı. Daha da kötüsü, bunu Osei ve annesinin önünde yapmıştı.

Noboru'nun, ofisteki dedikoduyla ilgili anlattıklarına inanamıyordu. Doğru olsa bile, böyle bir adam ona yardım etmek için neden kendini ortaya atmak istesin? Üstelik kendi işi de tehlikeye girebilecekken, böyle bir şeyi istemesi... Eğer dostluk ve endişeyle hareket etseydi, bunu bu şekilde yapmasına gerek kalmazdı; Bunzō'ya sanki bürokrasinin yardımseverliğinden yoksun, pejmürde bir yetimmiş gibi bakarak, orada çalışmaya geri dönmesinin onun için en iyisi olacağını söyleme ihtimali daha fazlaydı. Böyle bir küçümsemeye dayanabilirdi. Sonuçta şef, Noboru'nun olduğu kadar Bunzō'nun da patronuydu. Yine de Noboru defalarca, şeften sanki onun sahibiymiş gibi bahsetmiş, Bunzō için iyi şeyler söyleyebileceğini gururla dile getirmişti. Küçücük bir iyi niyetle nasıl da caka satıyordu böyle? Aslında kendisine, sadık bir köle gibi davranılmasından gurur duyuyordu. Elbette iddia ettiği kadar nüfuz sahibi değildi: Onun aptalca, boş övünme ve böbürlenmelerinden kimse zarar görmediği müddetçe insanlar nezdinde değersizdi. İstediği kadar, önüne gelene yağcılık yapsın, bu değişmeyecekti. Ama Bunzō bununla yüzleşmeye veya bu durumun kendisini aşağılamak, utandırmak için kullanılmasına tahammül edemezdi. Noboru küstahça ona, gururunu bir kenara bırakmasını söylemişti. Gururunun sahte olduğu sonucuna nasıl varmıştı? Bunzō asla Noboru gibi davranamazdı: Şefin istediğini yapmak için kendi işini küçümsemek, sürekli gülümsemek ve yağcılık yapmak; elleri ve dizleri üzerinde sürünmek ve otuz beş yen için bir dilenci gibi davranmak... Noboru bununla gurur duyuyor olabilirdi elbette. Hatta Omasa gibi aptal ve cahil bir kadının hayranlığını, egosunu okşamak için kullanıp kendini dünyanın en zeki adamı sanacak kadar gurur yapabilirdi. Ama Bunzō, tüm içtenliğiyle reddettiğinde, ona laf dokundurmaya çalışması çok aptalcaydı. Sahte gururu olduğunu ve hatta Noboru'nun nüfuzunu kıskandığını ima etmişti resmen!

En kötüsü de bunun Osei'nin önünde gerçekleşmiş olmasıydı. İçinden fısıltıya benzeyen bir ses "Sana hakaret etmesine rağmen karşılık vermedin," dedi. "Hayır, hiç şansım yoktu. Orada bir kavga başlatamazdım," dedi Bunzō öfkeyle kendi kendine. "Ben bir erkeğim.

Cesaretim var. Noboru'nun zayıf biri olduğunu biliyorum ama orada ne yapabilirdim ki? Kadınlar yüzünden sabırlı olmak zorundaydım. Eğer onunla tartışsaydım, onun ekmeğine yağ sürmüş olurdum. Daha da gülünç görünürdüm."

Ama Osei, onun nedenlerini bilmiyordu. Zekâsına rağmen genç ve kolay etkilenen bir kızdı ve Noboru gibi, kişisel çıkarları için birine yağcılık etmenin erdemli bir davranış olduğunu düşünen sefil, sürüngen bir solucan tarafından aptal yerine konulduğunu görmüştü. Bunzō hiçbir karşılık vermeden, utanç içinde geri çekildiği için onun bir korkak olduğunu düşünmüş olmalıydı. Öyle düşünmese bile, onun hatırı için kendinden utanmıştı. Dişlerini gıcırdatarak ve yumruklarını sıkarak "Hepsi senin suçun, Noboru. Bunun hesabını vereceksin," diye yemin etti kendi kendine. Gözlerini deli gibi bir o yana bir bu yana çevirdi. Öfkeli bakışları, yoldan geçen bir polise takıldı. Polis durup şaşkınlıkla ona baktı, bir süre onu izledikten sonra yoluna devam etti.

Bunzō trans hâlinden uyanır uyanmaz kendini Yasukuni Tapınağı'nın[1] girişinde buldu. Manaita Köprüsü'nü geçtiğini ve yokuştan yukarı çıktığını sadece hayal meyal hatırlıyordu. Tapınağa girdi ve yaprakla-

[1] Yasukuni Tapınağı: İmparator Meiji'nin emri üzerine, rejimin kuruluş savaşı olan Boshin Savaşı'nda ölenlerin törenlerle anıldığı tapınak. –ed.n.

rı solmuş kiraz ağaçlarından oluşan bir koruya doğru sola döndü. Ellerini arkasında kavuşturmuştu, yüzündeki tuhaf bir ifade etrafta dolaştı. İshida'nın lojmanları, tapınağın arka kapısının hemen dışındaydı. Öfkeden köpürdüğü için bir süre yürümenin en iyisi olduğunu düşündü, o tarafa gitmedi.

"Osei de çok gaddardı," diye mırıldandı kendi kendine. "Şu Osei... O piç Noboru bana işkence ederken, üzülmüş taklidi bile yapmaya uğraşmadı. O kadar sakin ve umursamazdı ki..." Ayrılırken nasıl güldükleri aklından çıkmıyordu. Osei'nin, ona olan ilgisini tamamen kaybettiği için öyle umursamaz olduğundan korkuyordu. Sanki bütün gücü tükenmiş gibi kiraz ağaçlarının altındaki banka çöktü.

Birkaç dakika boyunca hiç kıpırdamadan oturdu; kollarını kavuşturmuş, elini yakasına gömmüş, düşüncelere dalmıştı. Birden kafasını kaldırdı. "Osei'nin beni sevmekten vazgeçmesi için mi böyle davrandı? Onun yerine kendisiyle birlikte olmasını sağlamak için mi?.. Bana kasıtlı olarak hakaret etmek için o anı seçmesinin nedeni bu olmalı. Ona attığı bakışla kastettiği buydu kesinlikle. Bir şeyler yapmam gerekiyor!" diyerek ayağa fırladı. Kederden tükenmişti ama kararlıydı. Yine de elinden ne gelebilirdi ki?

Kendisinden beklenmeyecek bir hareketle, olağanüstü bir çabayla ne kadar cesur ve güçlü bir adam olduğunu kanıtlayacaktı. Kendini tutmasının zayıflıktan değil, cömertlikten ve düşünceli olmasından kaynaklandığını göstermeliydi. Noboru'yu şoke edecek ve Omasa'nın aklını başına getirecek kadar olağanüstü bir şey yapmalıydı. Ve gerçekten hâlâ ona karşı bir şeyler hissediyorsa, Osei'nin kendisine olan inancını geri kazanacaktı. En önemlisi de kendi öz güvenini yeniden kazanacaktı. Ama nasıl? İşte bunun cevabını henüz bulamamıştı.

Noboru'ya onun hakkında ne düşündüğünü söylemeli ve arkadaşlıklarına bir son mu vermeliydi? Ama Noboru'nun ağzı çok iyi laf yapardı; onunla laf dalaşına girmek Bunzō'nun aleyhine olabilirdi. Fiziksel olarak kavga etmek ise mümkün değildi... Bunzō banka çöktü. Bir saat boyunca ne yapması gerektiğini düşünerek, hiç kıpırdamadan oturdu.

Biri "Bunzō!" diye seslenmiş, hemen ardından omzuna dokunmuştu. Genç adam şaşkınlıkla başını kaldırıp baktı. Kirli, yamalı bir takım elbise giymiş bir adam karşısında duruyordu. Oldukça sarhoş görünüyordu, alkol kokusu genç adamın ciğerlerine dolmuştu. Bu sarhoş adam, Bunzō'nun, ilk bölümde bahsettiğimiz eski iş arkadaşı, kendisi gibi kovulmuş olan Yamaguchi idi.

"Kimleri görüyorum böyle? Uzun zaman oldu."

"Ahahah! Uzun zaman oldu."

"Çok neşelisin, hayırdır?"

"Başka ne yapabilirim ki? Kovulalı beş gün oldu. O günden beri içiyorum." Midesi âdeta adamın haklı olduğunu göstermek için guruldamıştı.

"Niye böyle saldın kendini?"

"Bana bir şey olmaz. Ama her şey boka sardı, orası doğru. Neyimiz eksikti de kovulduk? Kovmadıkları arkadaşların nesi bu kadar iyi? Neden bizim yerimize onlar hâlâ orada?" derken öfkeden kıpkırmızı kesilmişti. Oradan geçmekte olan siyah üniformalı bir bahçıvan, Yamaguchi'yle yüzüne baka baka alay etti. Bunzō rahatsız olmaya başlamıştı.

Yamaguchi söylenmeye devam etti: "Sen de kovuldun, evet ama hiç iş bulamıyorum…"

Bunzō onun sözünü yarıda keserek "Sesini biraz alçalt," dedi. "İnsanlar seni duyabilir."

"Kibirli görünmek istemem," diye devam etti daha kısık bir sesle. "Ama işimizi diğerleri kadar iyi yapıyorduk, sence de öyle değil mi?"

"Evet, haklısın."

Yamaguchi, Bunzō kendisini onaylayınca devam etti: "Ama ofis dışında kendimizi göstermedik. Bu yüzden de kovulduk. Bu iğrenç değil mi?"

"Yakınarak neyi değiştirebiliriz?"

"İnsanı delirtmeye yeter..."

"Bu arada, Noboru birkaç kişinin geri alınabileceğini söylüyor ama onun sözüne güvenemiyorum. Sen bir şey duydun mu?"

"Hayır. Gerçekten alacaklar mı?"

"Öyle diyor."

Yamaguchi bir süre düşündükten sonra "Alsalar bile ben onlardan biri olamam..." dedi. Sesi, sefaletini ve ıstırabını bir ayna gibi yansıtıyordu. "Şef benden nefret ediyor. İşimi asla geri alamayacağım..." Durakladıktan sonra devam etti: "Noboru zam aldı mı?"

"Almış diye duydum."

"Görüyorsun ya; eğer ofis dışında boy gösterirsen, her şey nasıl da farklı gelişiyor! Benim gibi kafası basmayan bir aptal bunu başaramaz."

"Kimse başaramaz."

"O aşağılık herif, kendisiyle gurur duyuyor olmalı."

"Kendinden memnun olması umurumda değil. Fakat sözleri beni çileden çıkarmaya yetiyor." Bunzō cümlesini bitirir bitirmez, bu konuyu açmaması gerektiğini hissetti.

"Ne yaptı ki? Ne diyor?"

"Ah, önemli bir şey değil ya..."

"Hadi, anlat!"

"Bana, gidip biriyle görüşmemi ve onu kazanmaya çalışmamı söyledi. Bunu önermesi çok korkunçtu, ben de reddettim zaten. Sonra da beni bunu yapamayacak kadar gururlu olmakla suçladı."

"Ve sen de bunu onun yanına mı bıraktın?" Yamaguchi çok öfkelenmişti.

"Onunla kavga etmeyi düşündüm düşünmesine de, onu ciddiye almak çocukça olurdu. Görmezden gelmeye karar verdim."

Yamaguchi "Bu şekilde olmaz. Çok yumuşak başlı bir imaj çiziyorsun," dedi küçümseyerek. Daha da öfkelenmişti. Doğrudan Bunzō'nun gözlerinin içine bakarak "Ben olsaydım onu oracıkta yumruklardım," dedi.

"Yapmasına yapardım fakat şiddetten hazzetmiyorum."

"Şiddet ya da değil; böyle beş para etmezleri arada bir yumruklamak zorundayız. Ben olsam bir dakika bile tereddüt etmezdim..."

Kısa bir sessizlikten sonra Bunzō konuyu değiştirdi: "Nasıl oldu da buralara geldin?"

"Aklımdan tamamen çıkmış. Ichibanchō'da yaşayan bazı akrabalarım var. Biraz borç para almak için oraya gideceğim. Cesaretimi toplayabilecek kadar alkol aldım, artık gitsem iyi olacak. Bir ara uğra yanıma. Kendine iyi bak."

Bunzō'nun bir şey demesine fırsat vermeden gitti. Tapınağın arka kapısına doğru aceleyle ilerledi. "O bile benim bir korkak olduğumu düşünüyor," dedi Bunzō kendi kendine, onun gidişini izlerken.

BÖLÜM 10

BAZEN, KAZANMAK İÇİN KAYBETMEK GEREKİR

Bunzō, Ishida'nın evine gitti ve çeviri için kendisine bırakılan bazı malzemeleri aldı. Geldiği yoldan geri dönmeye başladı. Manaita Köprüsü'ne ulaştığında yol üzerindeki tüm dükkânlarda akşam lambaları yanıyordu. Yemek yemeden eve dönmek istemedi çünkü dışarıda yemek yiyecek parası olmadığını söyleyeceklerinden korkuyordu, bu yüzden küçük bir lokantada durdu.

Dükkân görünüşe göre yeni açılmıştı. Dışarıdan bakınca gayet çekici görünüyordu ama içerisi resmen savaş alanıydı. Çok sayıda müşteri vardı ve deneyimsiz garsonlar onlarla başa çıkmakta oldukça yetersizdi. Tezgâhta da işler karışmış ve siparişler gecikmişti. Böyle olunca Bunzō, sipariş ettiği et ve sake için uzun süre beklemek zorunda kaldı. Garsonlardan birine birkaç kez, yemeğinin nerede kaldığını sormasına rağmen yemeği bir türlü gelmedi. Garson ne zaman elinde bir tabakla falan görünse, başka masaya gidip, genç adamdan sonra gelenlere veriyordu yemekleri. Bunzō sonunda sabredemez oldu ve öfkeyle, bir an önce servis yapılmasını talep etti. Yemek yerken kendini çok sinirli ve kızgın hissediyordu. Kendisine sunulan teşekkürlere aldırmadan hesabı çabucak ödedi. Bu kargaşadan kurtulduğu için kendini şanslı sayıyordu.

Jimbōchō'da biraz dolaşarak, sokaklarda sıralanan açık tezgâhlara boş boş baktı. Sake içince içindeki öfke yavaş yavaş azalmıştı. Noboru'nun hakaretleri, Ose-i'nin kahkahaları ve Yamaguchi ile yaptığı rahatsız edici konuşma aklından çıkmıştı. Restorandaki tatsızlık bile zihninden silinip gitmişti. Sadece yüzünü serinleten akşam esintisini düşünebiliyordu. Fakat genç adamın huzuru çabucak bozulacaktı.

Eve döndü. Kapıyı gelişigüzel açtı ve içeri girdi. Oturma odasındaki kahkahalar ve sesler işitiliyordu. Seslere odaklandı, aralarında Noboru'nun sesini ayırt ettiğinde onun henüz gitmediğini anladı. Bunzō tereddüt etti. "Eğer yine saçma sapan konuşursa?" diye düşündü öfkeyle. "Kendimi kontrol edemezsem?" Savaş öncesinde bir asker gibi kendini cesaretlendiren Bunzō oturma odasına gitti.

İçeride, Noboru'nun kirli tabakların arasında sendeleyerek yürüdüğünü gördü. Sırtına yuvarlak bir kâğıt parçası yapıştırılmıştı. Yanında Osei ve Onabe kahkahalarla sarsılıyordu. Omasa odada değildi. Bunzō'ya baksalar da onunla konuşmaya tenezzül etmediler. Yengesini sorduğunda bile kimse ona cevap vermedi. Öfkeden titreyerek oradan uzaklaştı. Konuşmaya devam ettiklerini duydu.

"Şimdi hanginiz yaptı?"

"Ben yapmadım. Onabe yaptı."

"Osei Hanım idi."

"Fark etmez. İkinizle de ödeşeceğim. Tombul olanla başlayacağım!"

"Ben değil, ben değil. Kesin şunu! Yardım edin! Kurtarın beni!"

Osei, hizmetçiyi Noboru'ya engel olması için gazlarken koşuşturan ayak sesleri ve şamatalı kahkahalar, çığlık seslerine karıştı.

Bunzō'nun dikkati bu kargaşaya takıldı. Dinlemek için durdu ama tam geri dönmek üzereydi ki aniden biri geldi ve o kenara çekilemeden ona çarptı.

"Dikkat et! Yolun ortasında duracak kadar aptal olan kim?" Omasa sinirli bir sesle sordu.

"Benim. Çok özür dilerim. Umarım canın acımamıştır, yenge."

Omasa ona cevap vermeden odaya girdi ve kapıyı arkasından sertçe kapadı. Genç adam, yengesinin ardından baktı, çok kırılmıştı. Bir süre sonra merdivenlere yöneldi, odasına çıktı. El yordamıyla lambayı buldu, yaktı ve masasının yanına çömeldi.

"Ne kadar iğrenç," diye düşündü kendi kendine. "Yengem ve Noboru umurumda bile değil, ama Osei'nin böyle bayağı bir gösteriye katıldığını düşünmek… 'Asillik' hakkında onca konuşmasından sonra hele... Onunla bu şekilde eğlenmeye devam ediyor. Bütün o güzel düşünceleri nereye kayboldu? Okulda hiç zaman kaybetmeseymiş… Kendine saygı duymazsan, kimse sana saygı duymaz, derler. En azından bu kadarını bilmeli. Böyle davrandığını düşünmek... İğrenç bir şey. Amcam yokken böyle şeylere katlanamıyorum, daralıyorum. Yarın yengemle bu konuda çok sert bir şekilde konuşacağım." Kısa bir süre durdu ve evdeki mevcut rezil konumunu büyük bir çaresizlikle anımsadı.

Sonunda, İngilizceden Japoncaya çevireceği kopya yı çıkarıp masaya koyacak kadar kendini toparladı ve okumaya başladı. "The ever difficult task of defining the distinctive characters and aims of English political parties threatens to become more formidable with the increasing influence of what has hitherto been called the Radical party. For over fifty years the party..."[1]

Okuması aşağıdan gelen kahkahalarla kesildi. "Anlayıştan bu kadar da yoksun olunmaz," diye düşündü. "Evde olduğumu biliyorlar ama Noboru'yu eğlendirmekle o kadar meşguller ki biri bile gelip, yemek yiyip yemediğimi sormadı... Daha fazla eğlence arayan Osei'ydi. İstediği kişiyle birlikte olabilir, umurumda değil. Onunla işim bitti. Kahretsin! Ben bir erkeğim. Böyle bir kadınla ilgilenemem..." Kararlılıkla tekrar okumaya başladı. "The ever difficult task of defining the distinctive characters and aims of English political..."

Tel örgülü kapının açıldığını duydu. Hemen ardından kahkahalar kesildi. Bunzō neler olup bittiğini anlamaya çalıştı. Biri koridorda koşuşturuyordu ve Onabe'nin merdivenlerin dibinde bir lambayı aradığını işitti. Sonra ortalık tamamen sessizleşti. Anlaşılan, başka bir misafir gelmişti.

Bunzō; Osei ve Noboru'nun alt katta ne yaptıklarını, gülüp eğlendikleri sürece tahmin edebiliyordu ama bir anda sessizliğe gömüldüklerinde ürperdi. "Yengem, misafir ağırlıyor olmalı," diye düşündü. "Onabe de

[1] (Tr.) İngiliz siyasi partilerinin ayırt edici karakterlerini ve amaçlarını tanımlamanın her zaman zor olan görevi, şimdiye kadar Radikal Parti olarak adlandırılan partinin artan etkisiyle daha da zorlu hâle gelme tehdidinde bulunuyor. Elli yılı aşkın bir süredir bu parti... –ç.n.

Osei'yle birlikteyse sorun yok. Ama onun yerine mutfakta çalışıyorsa, ikisi yalnızdır..." Bunzō ayağa fırladı ama sonra tekrar oturdu. Akşam yemeğinden beri su içmediğini hatırladı, sadece bir yudum suyun bile çok daha iyi hissettireceğine karar verdi. Fakat suyu yalnızca mutfaktan içebiliyorlardı ve ikinci katta bir mutfak yoktu. Yani bir şeyler içmek istiyorsa mutlaka aşağıya inmesi gerekiyordu. "Mutfağa gitmek için garip bir zaman gibi görünebilir," diye kendi kendine düşündü. "Ama bu kadar susamışken inmemek olmaz ki," diyerek aşağı indi.

Mutfakta küçük bir lamba yanıyordu ama Onabe orada değildi. Bulaşıkları yıkamaya başlamış ve sonra onları ortada bırakmıştı, bu da bir iş için dışarı gönderildiğini gösteriyordu. Oturma odasında fısıldaşanları duydu, çok uğraşmasına rağmen ne dediklerini anlayamadı. Gizlice biraz su içti ve diğer odanın kapısı açıldığında mutfaktan sürünerek çıkmaya başladı. Etrafında döndü. Osei, sırtı ona dönük, kapıyı tutmuş, odanın tam pervazında duruyordu.

"Ah, geri gelsene," dedi Noboru.

Osei başını cilveli bir şekilde salladı. "Hayır, elin kolun durmuyor..."

"Uslu olacağım. Geri gel."

"Hayır."

"Pekâlâ, hayırsa hayırdır."

Osei "Uslu duracağına söz verir misin? Geleyim mi?" diye sorarken başını naz yaparcasına eğdi.

Noboru "Hadi ama," diye yakındı.

"Hayır. Sen buraya gel."

"Seni küçük şeytan." Sanki Noboru ayağa kalkıyor gibiydi.

Kahkahalarına engel olamayan Osei döndü ve kaçmaya başladı. Neredeyse Bunzō'ya çarpıyordu.

"Bunzō! Ne zaman döndün?"

Genç adam hiçbir şey söylemedi ve sert bir tavırla merdivenlere yöneldi.

Osei onu takip etti, hiçbir şey demeden yanına oturdu. Tavırları her zamankinden daha samimiydi. Kaşlarını çattı ve tuhaf bir şekilde sallanarak şöyle dedi: "Noboru çok cesur."

Bunzō ona sertçe baktı ama aşk, ne yazık ki aldatıcı bir şeydi. Sert davranmaya çalışırken bile, Osei'nin ne kadar güzel olduğunu fark etmekten kendini alamıyordu. Kontrolünü her an kaybedebilirdi ama kendini tam zamanında toparladı, buz gibi bir ifadeyle arkasını döndü.

Tam o sırada Noboru, gürültülü bir şekilde merdivenlerden yukarı çıktı. Onları görünce etkilenmiş bir tavırla konuştu: "Demek buradasınız. Bu kadar önemli bir misafiri öylece bırakıp gidiyorsun..."

"Elbette, öyle hareketler yaparsan..."

Noboru "Ne gibi?" diye sordu oturarak.

"Bal gibi biliyorsun..."

"Bu bizi hiçbir yere götürmüyor. Açıklayın kendinizi, küçük hanım."

"Söyleyeyim mi?"

"Hayhay."

"Peki o zaman, söylüyorum: Bunzō, o..." Osei, Noboru'ya baktı ve devam etti. "Belki seni affederim."

"Söylemeye dilin varmadı mı?" diye sordu Noboru. "O zaman senin yerine ben söyleyeyim. 'Az önce Noboru...'"

"Kes şunu!"

"'Noboru...'"

Osei hiddetlenerek "Ona söylemen için sana izin vermedim. Kes şunu!" dedi.

"Sevdiğin kişinin bunu benden duymasından mı korkuyorsun?"

"Bununla hiçbir ilgisi yok. Beni rezil edeceksin."

"Ne alaka?"

"Çünkü dalga geçiyorsun."

"Bu çok saçma. Sadece biraz eğleniyorum."

"Biraz eğleniyorsun, demek... Bir soru sorma cesaretini gösterebilir miyim? Neye inanıyorsun? Her zaman kadınların eşit haklara sahip olmasını istiyormuş gibi davranıyorsun ama aslında öyle değilsin."

"Ne istiyormuşum ya?"

"Tam tersini."

"Ya gerçekten dediğin gibiysem?"

"O zaman seninle hiçbir işim olmaz."

"Bu çok kırıcı bir karar değil mi? Kadın haklarını savunmak konusunda herkes gibi düşünüyorum."

"Hayır, düşünmüyorsun. Herkes gibi ya da değil, fark etmiyor. Nefret ediyorum."

"O zaman, daha ne diyebilirim ki? Bence benden nefret ettiğini söylemen çok kötü. Ne tür birinden hoşlanırsın?"

Osei "Yani..." diyerek gözlerini tavana dikti, sesi kesildi.

Noboru kısık bir sesle "Bunzō gibi biri," diye bir tahminde bulundu.

Osei "Yes,"[1] diye şakacı bir tonda fısıldadı ve abartılı bir şekilde, nazlı nazlı hareket etti. Sonra yüzünü kapatarak kahkaha attı.

Bunzō şaşkınlıkla ona baktı. Aptal yerine konulduğunu anlayınca beti benzi attı.

Noboru "Kıskandım..." dedi. "Ne düşünüyorsun, Utsumi? 'Bunzō gibi bir adamdan hoşlanıyorum,' dedi.

[1] (Tr.) Evet. –ed.n.

Sence bunu sineye mi çekmeliyim? Bu gece uyuyamayacağım kesinlikle..."

"Ne dersen de. Asıl demek istediğim, Bunzō gibi, kadın haklarını savunan bir erkekten hoşlandığımdı. Bunzō'yu sevdiğimi söylemedim, o yüzden kes şunu."

"Bu nasıl bir bahane? Bunzō gibi bir adamdan hoşlanıyorsan, ondan hoşlanıyorsundur!"

"Pekâlâ, Bunzō'dan hoşlanıyorum ama o benden nefret ediyor. Bu yüzden her şeyi unutabilirsin. Öyle değil mi, Bunzō?"

"Senden nefret mi ediyor? Hayır, tam tersine. Sana sırılsıklam âşık."

Bunzō öfkeliydi. Osei, onun yüzündeki öfkeyi görür gibi oldu ve "Çok fazla şaka yapıyorsun. Bunzō kızgın," dedi.

"Öyle görünüyor çünkü sana, ne kadar mutlu olduğunu söyleyemiyor. Herkes onun ne kadar yakışıklı, güçlü ve sessiz bir adam olduğunu görebilir. Boyu biraz daha kısa olsaydı mükemmel olurdu." Noboru, sözlerini gülerek bitirdi. Osei kıkırdayarak, göz ucuyla kuzenine bir kez daha baktı. Noboru, genç adamın dizine vurarak "Utsumi, senin gibi güzel bir kadın ona baktığı için çok şanslı bir adam," diye devam etti. "Ve yengesi ona sataştığında onu koruma şeklin... Aslında onu her zaman koruyorsun. Onu çok kıskanıyorum. O,

Meiji Dönemi'nin Tanji'si,[1] gerçek bir Don Juan.[2] Onun gibi olmak için nelerimi vermezdim!" dedikten sonra Noboru ve Osei tekrar güldüler. "Sen, yakışıklı adam! Kaşlarını çatmayı bırak ve bana aşkından bahset. Haydi, Tanji. Neden cevap vermiyorsun?"

Osei yine Bunzō'ya bakarak zoraki bir kahkaha attı. "Çok güldüğüm için susadım," dedi. "Gidip biraz çay yapayım mı?"

"Neden birkaç dakika sevgilinin yanında kalmıyorsun, böylece biraz baş başa vakit geçirirsiniz."

"Bu kadar saçmalık yeter. Çayı buraya getireyim mi?"

"Soğuk su içmeyi tercih ederim."

"Şekerli mi?"

"Hayır, teşekkür ederim."

"Limon?"

"Limon koyacaksan biraz şeker de alırım."

Osei "Çok zorluk çıkarıyorsun," dedi ayağa kalkarken ve odadan çıktı.

---

[1] Tanji (Tanjiro): Zayıf ve korkak erkeklere takılan bir isim. Tamenaga Shunsui'nin *Shunshoku Umegoyomi* adlı eserindeki başkahraman. –ed.n.

[2] Don Juan: Efsanevi ve kurgusal bir karakter. Efsanelere göre Don Juan'ın karakteri, iki farklı perspektiften veya her ikisinden beraber anlatılır. Don Juan kimine göre basit, canı istediği zaman gönül eğlendirebilmek için kadınları kandıran, azgın bir zampara; kimine göre ise baştan çıkardığı kadınları gerçekten seven, her kadının içindeki güzelliği ve gerçek değeri görebilen bir adamdır. –ed.n.

Bunzō kısık sesle konuşana kadar, iki adam birkaç dakika boyunca utanç verici bir sessizlik içinde oturdu.

"Noboru, sarhoş musun sen?"

"Hayır."

"O zaman sana bir şey sormak istiyorum: Arkadaşların birbirlerine saygı göstermesi gerektiğini söylemez miydin hep?"

"Ne? Ne oldu birden? Evet, öyle bir şeyler dediğim oldu."

Bunzō, konuşmasına devam edecekken tekrar sustu. Sonra sesi titreyerek konuşmaya başladı: "Bir süredir arkadaşız ama bu geceden sonra olmayacağız. Seninle vakit geçirmek istemiyorum artık."

"Ne oldu bir anda?"

"Nedenini kendine sor."

"Böyle çılgınca şeyler söyleme. Aklıma hiçbir sebep gelmiyor."

"Bulamıyor musun? Birine öyle hakaret ettikten sonra bile, neden olduğunu göremiyor musun?"

"Hakaret etmek mi? Kime? Ne zaman? Sen neden bahsediyorsun?"

"Ne desem boş," dedikten sonra Bunzō, Noboru'ya sertçe baktı. Sesini daha da yükselterek "Neden bahsettiğimi bilmiyormuş gibi davranmanın amacı ne? Arkadaşlığımızı onurlu bir şekilde bitirmeye çalışıyorum!

Senin gibi birine bile insan gibi davranılması gerekir çünkü. Ama sen bana bir değil, iki kez hakaret ettikten sonra masum rolü kesmeye devam ediyorsun..."

"Keşke benimle konuşurken daha açık şekilde kendini ifade edebilsen... Bir arkadaş kaybediyorum diye üzülecek değilim; istediğini yap, görüşmeyiz, olur biter. Ama sana hakaret ettiğimi geveleyip dururken, neden bahsettiğini anlamamı nasıl beklersin?"

"Neden, yengemin ve kuzenimin önünde gururumu ayaklar altına almamı söyledin?"

"Seni rahatsız eden bu muydu?"

"Başka ne olacaktı? Ve neden, bana 'Meiji Dönemi'nin Tanji'si' dedin? Bu, benim bir korkak olduğumu söylemekle eş değer!"

"Tuhaf birisin. Başka bir şey var mı?"

"Ne tür hakaretler olduğu hiç fark etmez. Tanji olduğumu ve çok gururlu olduğumu söyleyerek beni utandırdın. Hepsi beni küçümsediğini gösteriyor. Beni böyle aşağılayan biriyle dost most kalamam. Bundan böyle görüşmeyelim istiyorum. Yeterince açık olabildim mi?"

"Başka bir şey var mı?"

"Sonodaları görmeni yasaklayacak bir konumda değilim, bu yüzden her gün buraya gelip yengemle kâğıt oynaman ve kuzenime bir geyşaymış gibi davranman beni ilgilendirmez. Davranışlarını eleştirmeyeceğim, bu yüzden bahaneler uydurmak için uğraşmana gerek yok."

"Kıskançlığın nasıl da belli oluyor. Başka bir şey var mı?"

"Başka söyleyecek bir şeyim yok... Hatta senin de daha fazla bir şey söylemene gerek yok. Sadece buradan gitmeni istiyorum."

"Tam tersine, haksız yere suçlandım ve kendimi açıklamak zorundayım. Açıklayana kadar da gitmeyeceğim. Gururunu ayaklar altına almanı tavsiye etmek neden hakaret olsun ki? Bir yabancının, böyle şeyler dediğimde hakaret olarak algılamasını anlayabilirim ama arkadaş olduğumuzu sanıyordum."

"Arkadaşlar arasında bile davranış kuralları vardır. Bana böyle bir şey söylemen doğru değil."

"Neden? Gururunu bir kenara bırakman gerektiğini söyledim. Ya da öyle yaparsan daha iyi olacağını... Hangisi olduğunu unuttum ama her iki durumda da bunu sadece bir tavsiye olarak söyledim. Seni taklit etmeye ve filozofmuşum gibi davranmaya çalışmıyorum ama genellikle, birinin hata yaptığını gördüğünde ona tavsiye verirsin. Yaptığı şey akıllıca ve doğru olsaydı bir şey söylemene gerek kalmazdı. Eğer bir hataya hata demek hakaretse, o zaman tüm tavsiyeler hakarettir.

Eğer tavsiyem seni kızdırdıysa, başka bir şey söylemeyeceğim. Özür dilerim. Yanlış olan bu muydu?"

"Tavsiyelerin başımın üstünde yeri vardır. Ama söylediklerin tavsiye niteliğinde değildi. Hakaret amacı güdüyordun."

"Nasıl bu kadar emin olabiliyorsun?"

"Yoksa neden etrafta başkaları varken söyleyesin ki?"

"Onlar senin ailen değil mi?"

Bunzō, hiç istemese de onu onayladı: "Onlar benim ailemin bir parçası." Noboru, genç adamın kafasının karışmasına güldü. Bunzō sonunda "Ama daha az saldırgan olman gerekmez miydi?"

"Düşünce tarzını sürekli değiştiriyorsun ve seni takip etmekte zorlanıyorum. Konuşma şeklimden rahatsız olduğunu mu söylemek istiyorsun?"

"Evet, söylediklerin kadar ses tonun ve tavrın da beni rahatsız etti..."

"O zaman sadece tekrar özür dileyebilirim. Bunu bir hakaret olarak algılamış olabilirsin ama ben sadece iyi bir tavsiyede bulunmak istemiştim. Unutalım mı? Arkadaşlığımıza son vermemize gerek yok, değil mi?"

Bunzō ne cevap vereceğini bilemedi ve yaşadığı hayal kırıklığı onu daha da öfkelendirdi. Başka koşullar altında Noboru'nun kurnaz zekâsı onu rahatsız etmezdi ama durum böyle olunca, her geçen dakika daha da öfkeleniyordu. Noboru yüksek sesle, sanki bir tiyatro oyuncusuymuş gibi gülmeye başladı. Bunzō sinirle alt dudağını ısırdı ve öfkeli bir sessizlik içinde düşmanına bakmaktan başka bir şey yapamadı.

Osei, tepside ağzına kadar dolu bir bardak su taşıyarak geri geldi. "Buyurun," dedi.

"Sizi beklettiğim için özür dilerim," diye karşılık verdi.

"Ne?"

"Ne?"

"Ne kadar masumsun böyle!"

Noboru gülerek "Neden bu kadar uzun sürdü?" diye sordu.

"Yapacak başka bir işim vardı."

"Başka biriyle meşgul değildin, değil mi?"

Osei "Ben sen değilim," diye karşılık verdi.

"Ve ben de o kadar vefasız değilim, küçük hanım. Şefin baldızından bahsedeceksin, değil mi? Bunzō'yu sana karşı kullanıp öcümü alacağım, haberin olsun."

"Aman, ne komik! Daha ben bir şey söylemeden şüpheleniyorsun."

Bunzō'ya dönerek "Şüphelerden bahsetmişken, nasıl gidiyoruz kaptan? Hâlâ kızgın mısın?"

"Söylediğin her şey sadece bir bahaneydi," dedi Bunzō.

"Ne demek istiyorsun?"

"Açıklamama gerek yok. Bu apaçık bir gerçek."

"Kendiliğinden ortaya çıkacak herhâlde."

"Sorun nedir?" diye Osei sordu.

"Çok ilginç bir tartışma içerisindeyiz, dinle," dedi ve tekrar Bunzō'ya döndü. "Bir sorunu hallettik, şimdi diğerine geçelim. Aaa, neydi? Ah, evet, Tanji... Sana Tanji diyerek nasıl hakaret etmişim? Bu da mı 'apaçık bir gerçek'?"

"Sorun ne?" Osei tekrar sordu.

"Tanji diyerek onu gücendirdiğimi söyledi. Belli ki bu konuda çok öfkeli. Korkarım ki erkek arkadaşın hâlâ yeni yetme bir çocuk."

"Noboru," dedi Bunzō.

Noboru içmeye başladığı suyu yere bıraktı ve "Efendim?" dedi.

"Seninle tartışmamın bir anlamı yok. Önce bana hakaret ediyorsun, sonra da senin niyetini yanlış değerlendirdiğimi söylüyorsun. Daha da kötüsü, bahaneler uydurarak işin içinden sıyrılmaya çalışıyorsun. Fikrimi değiştirmeyeceğim dışında söyleyecek başka bir şeyim yok. Seninle görüşmek istemiyorum. Çık dışarı!"

"Gerçekten kötü bir oyuncusun, değil mi?"

"Ne dedin sen?"

"Bunu kaldıramıyorsun, değil mi? Ne kadar kötü davrandığının farkında olmalısın."

"Bu kadar kaba olma. Ben söyledikten sonra gitsen daha iyi olmaz mıydı?"

"Lütfen kes şunu," diye bağırdı Osei.

"Şimdi Osei de endişeleniyor," dedi Noboru gülerek. "Kız haklı. Dursak iyi olur. Hadi Utsumi, biraz neşelen. Bu gerçekten çok saçma. Seninle konuşma şeklimden incindiğin için beni bir daha görmek istemediğini söylüyorsun. Çocukça davranmıyor musun? Bunun seni ne kadar aptal gösterdiğini bir düşün. Hadi neşelenelim."

"Bunzō sessizliğini korudu.

"Hâlâ inat mı ediyorsun? Ne yapabilirim ki? Pekâlâ o zaman, bütün suçu üstleniyorum: Gerçekten öyle demek istememiştim ve eğer duygularını incittiysem özür dilerim. Barışıyor muyuz?"

"Bunzō öfkesini zar zor bastırarak konuştu: "Senden, gitmeni istedim."

"Hâlâ beni affetmiyor musun? O hâlde gitsem iyi olur. Zaten şimdi söyleyeceğim hiçbir şeyi dinlemeyeceksin. Çok asabisin."

"Ne dedin sen?"

Noboru "Kendi kendime konuşuyordum," diye cevap verdi.

"Aptal."

Sonunda alınma sırası Noboru'ya gelmişti. Bir anda durdu ve Bunzō'ya sertçe baktı, sonra sırıttı. "Ne dediğinin farkında değilsin," dedikten sonra aşağıya indi.

Osei ayağa kalktı ve omzunun üzerinden Bunzō'ya bakarak Noboru'yu takip etti. Bunzō dişlerini sıktı, sıkılı yumruğuyla masaya vurdu. "Kahretsin!" diye bağırdı. Osei ve Noboru'nun, merdivenlerin dibinde birlikte güldüklerini duydu.

BÖLÜM 11
DENİZE DÜŞEN YILANA SARILIR

Aile ertesi sabah kahvaltıda bir araya geldi. Hem Bunzō hem de Omasa yemek boyunca kaşları çatık bir şekilde oturuyor, ağızlarını bıçak açmıyordu. Osei ise huzursuz olduğundan yerinde duramıyordu, hiç susmadan bir şeyler hakkında konuştu durdu. Genç kadın, aklına gelen bir düşünceyle aniden sustuğunda bir an için ciddileşiyor, sonra da kahkaha atarak Bunzō'ya bakıyordu. Çeşit çeşit duygu, yüzüne yansıyordu. Kahvaltısını bitirir bitirmez Osei, odadan çıktı. Salonda Onabe'yle şakalaştığını, sonra da odasında usulca Çince şiirler okuduğunu duydular.

Kaşları çatık Bunzō tam ayağa kalkacakken Omasa, oturmasını işaret etti. Genç adam, yengesinin yüzüne bakınca, o sabah özellikle daha uzun ve keskin bir çehresi olduğunu fark etti.

Omasa yavaşça sigarasından bir nefes alıp dumanını üfledi. Kasıtlı olarak, bir şey söylemeden önce Onabe'nin bulaşıkları toplamasını izledi.

"Eminim ki bu işe karışmamı istemezsin ama dün Noboru'nun teklifini geri çevirmenden anladığım kadarıyla başka bir iş bulmuş olmalısın. Aksi takdirde onun cömert teklifini bu kadar ani bir şekilde reddetmezdin."

"Başka sebeplerim vardı. İş bulamadım henüz."

"Ona rağmen bir salak gibi teklifi reddettin, öyle mi?"

"Başka bir alternatif düşünemediğim için bunun saçma göründüğünü biliyorum. Ama zaten bu sadece bir söylentiydi. Aslı astarı var mı, bilmiyoruz."

Osei, İngilizce dersine giderken odanın önünden geçti. Genellikle annesiyle vedalaşmadan çıkar giderdi.

"Belli ki bu sadece bir söylenti," diye devam etti genç adam.

"Öyleyse ne olmuş? Resmî olarak bir şey açıklayacaklar mı?"

"Sanmıyorum."

"O zaman söylentilere güvenmek zorundasın, değil mi?"

"Elbette. Ama Noboru bir şey söylediğinde..."

Omasa "Buna güvenemezsin," diyerek onun cümlesini tamamladı.

"Bunu ima etmek istememiştim. Ama ne kadar çaresiz olursam olayım, şeften iş dilenemem."

"Ne olursa olsun ondan bir iyilik isteyemeyeceğini mi söylüyorsun bana? Bu ne küstahlık!"

Bunzō, bu yeni çıkış karşısında çok sinirlendi. "Tek sebebim bu değildi. Beni geri alsalar bile orada uzun süre kalmayı başaramazdım. Devlet dairesinde çalışmayı bu şekilde sonlandırmak her açıdan daha iyi. Bunun için uygun bir karaktere sahip değilim."

"Devlet dairesinde çalışmayacak mısın? Ne demek istediğini anlayamıyorum. Daha geçen gün ne yapacağını sorduğumda, başka bir devlet işi arayacağını söylemiştin. Şimdi ise fikrini değiştirmişsin. Annenin açlıktan ölmesi önemli değil sanırım... Bu şekilde burnunun dikine gitmeye devam et ve devlet işini unut!"

"Demek istediğim bu değildi. Çalışabileceğim başka yerler de var, biliyorsun yenge. Öğretmenlik yaparak bile anneme destek olabilirim."

"Kimse, yapamayacağını söylemedi. Her şey sana bağlı. Öğretmen, faytoncu ya da istediğin başka bir şey olabilirsin, umurumda değil."

"Ama çok kızgınsın..."

"Kızgın olmakla ilgili kim bir şey söyledi? Ne yaptığın beni ilgilendirmez. Kimse, başına gelenlere üzülmüyor ya da kızmıyor. Tek söylemek istediğim; Noboru sana çok düşünceli ve nazik yaklaşmıştı. Sana yardım etmesine izin verirsen, şef seninle ilgilenebilirdi. Şimdi geri alamasa bile daha sonra senin için bir şeyler yapabilirdi. Seni düşündüğüm kadar anneni de düşünüyordum... Sadece, herkesin ve her şeyin bir an önce yoluna girdiğini ve düzene oturduğunu görmek istiyorum." Bunzō, yengesinin iması karşısında başını kaldırdı ve ona baktı. "Konuyu bu yüzden açtım. Ama onun yardımını kabul etmeyeceksen söylenecek başka bir şey kalmıyor." Omasa bir süre sustu, sonra hizmetçiyi çağırdı. Kapıdan başını uzatan Onabe, bir şeyler çiğniyordu.

"Yemeğini bitirmedin mi?"

"Hayır, yiyorum hâlâ."

"Peki, bitirdiğinde benim için bir araba çağırıver. Hamachō'ya gidip geleceğim."

"Hemen."

Bunzō sabırsızlıkla hizmetçinin gitmesini bekledi. Onabe gider gitmez tekrar yengesine döndü. "Söylediklerinde haklısın, yenge. İnatçılığım hem annemin hem de sizin başınıza türlü dertler açtı. Bu konuyu tekrar dikkatlice düşüneceğim..."

"Bir şey fark etmeyecek, değil mi? Devlet için çalışmamaya çoktan karar vermişsin sonuçta..."

"Evet. Fakat bir faydası olacağını söylüyorsanız, belki de yeniden düşünmem gerekiyordur."

Omasa, hiç de samimi olmayan bir şekilde gülümsedi ve "O zaman bir daha düşün. Eğer geri dönmezsen bizim için fark etmez. Nasıl istersen öyle yap," dedi. Bunzō uysalca başını salladı. "Konuşmak istediğim bir başka konu daha olunca kalmanı istedim. Anladığım kadarıyla, geçen gece Noboru ile tartışmışsınız. Açıkçası çok utandım. O senin arkadaşın ve istediğini söylemekte özgürsün ama o aynı zamanda evimizde bir misafir." Bunzō'nun düşünceleri, yengesinin az önceki imasına takılıydı, bu yüzden Omasa cümlesini bitirince, onun ne dediğini dahi anlamadan başını salladı. "O kadar iyi huylu ki... İzin vermesen bile, eminim ki sana yardım etmeye çalışacaktır." Omasa daha fazla bir şey çaktırmamak için kendini tuttu. "Neyse, şu anda zaten işimiz başımızdan aşkın. Başka sorun çıkarmayalım. Sen kararını verene kadar bekleyelim."

Bunzō, dalıp gittiği hülyalar âleminden bir anda uyanarak yengesine baktı. "Efendim?"

"Bekleyelim, dedim."

Genç adam kibarca mırıldanarak odasına döndü. Düşünceler içinde kaybolmuş bir hâlde bir süre, odanın ortasında öylece durdu. "Ne yapmalıyım?" diye inledi ve güneşte eriyen bir kardan adam gibi yere çöktü. Genç adamı, iki arada bir derede bırakan şey neydi peki?

Bunzō'nun, işini kaybettiği için ağzına geleni söyleyen yengesine verdiği ilk tepki incinmek ve öfkelenmek olmuştu. O anda yengesinin soğuk ve samimiyetsiz bir kadın olduğundan emindi. İlk öfkesi yatıştığında, bu kadar sert bir yargıya varmakla hata etmiş olabileceğinden şüphelenmeye başlamıştı. Yengesi kesinlikle bir bilge ya da iradeli biri değildi ve yeğeninin ne düşündüğünü, ne hissettiğini anlayamadığı açıktı. Fakat aptal olduğu söylenemezdi. Olaylar hakkında kendi fikirleri vardı ve bazen oldukça mantıklı şeyler söyleyebiliyordu. Ayrıca insanların nasıl davranması gerektiğini de anlıyordu. O zaman neden, onun işi konusunda bu kadar öfkelenmişti ki? Bunun ne kadar mantıksız olduğunu biliyordu ama yine de öfke dalgalarına yenik düşüyordu. Neden, zavallı ve masum Bunzō'yu yere kapanarak kendisini affetmesi için yalvarmaya zorlamıştı?

Cevabın, kadının Osei ile evlenmesini istememesinde yattığına kendisini inandırmıştı genç adam. Başından beri evlenmelerine izin vermeyi planlarken, nasıl olurdu da bu haberi duyar duymaz fikrini değiştirmiş olabilirdi? Onu kızdırmak ve Osei'den uzaklaştırmak için bu kadar çabuk karar vermiş olabilir miydi? Bu pek olası değildi... Çelişkiler arasında kalan Bunzō, son birkaç gün yaşananları tekrar tekrar gözden geçirdi: Yengesinin şikâyetleri, öfkeli tonu, yüzündeki ifade, tavrını açıklayabilecek herhangi bir şey... Dikkatle düşündükten sonra, sonunda Noboru'nun teklifini reddederek onu nasıl incittiğini anladı.

Omasa'nın uzun zamandır Osei'nin mutlu evliliğini görmeyi dört gözle beklediğine hiç şüphe yoktu. Baharın gelmesini hevesle bekliyor ve gizlice kızının çeyizini planlıyordu. Yeğeninin feci başarısızlığı hâliyle umutlarını tamamen yıkmıştı, Omasa umutsuzluğa kapılmıştı. Bu, genellikle dırdıra ve şikâyete yol açan türden bir umutsuzluktu. Bunzō "Benden nefret ettiğini düşünmekle tamamen yanılmış olabilirim. Belki de sadece hayal kırıklığı yüzünden böyle konuşmuştur," dedi kendi kendine.

Bunzō'nun kini akıp gitmeye, onun yerine yengesi için sıkılan yüreği yerleşmeye başlamıştı. Duyguları çok çabuk değişiyordu.

Omasa'nın, tartışmalarından bu yana geçen beş günde hâl ve tavırları tamamen değişmişti. Bunzō hiçbir zaman onun gözdesi olmamıştı ve Omasa, ona hiçbir zaman özellikle nazik davranmamıştı ama her zaman hoş biri olmuştu. Fakat şimdi gözleri fırtınalıydı, alaycı bir gülümseme dudaklarına yerleşmişti. Diyeceklerini dolandırmadan der, kötü bir niyet taşımazdı ama şimdi ısırıcı ve acımasızdı. Samimi tavırlarının yerini doğal olmayan bir soğukluk almıştı. Onunla ilgili her konuda huzur bozacak bir nokta buluyordu. Bunzō onunla konuştuğunda, ya onu duymamış gibi yapıyor ya da gözlerini kısarak, huzursuz bir tavırla bakıyordu. Kadının tüm bu garip ve sert tepkisi, Bunzō'nun işini kaybetmesinin doğrudan bir sonucuydu.

Bunzō, ailesine sadık ve bağlıydı. Omasa ona ne kadar kötü davranırsa davransın, onun yengesiydi ve geçmişte onun için yaptıklarından dolayı Bunzō, ona derin bir minnet duyuyordu. Ona sevgisini ve saygısını göstermek ve onunla iyi geçinmek istiyordu. Her şeyden önemlisi, aralarında herhangi bir yanlış anlaşılmanın olmasını önlemesi gerektiğine inanıyordu. Ancak çevremizde olup bitenlere tepki vermekten kendimizi alamayız; Omasa onu ne zaman incitse acı içinde ona cevap vermeyi, ne kadar kırıldığını dile getirmeyi isterdi ama öfkesini bastırmakla yetiniyordu. Kalbinin derinliklerinde, her zaman olduğu gibi, onun zalimliğine gözlerini kapaması ve bunu sessizce kabul etmesi gerektiğini biliyordu.

Bunzō, hayatındaki bu belirsizlik yüzünden Osei'nin geleceğinin şüpheye düştüğünü fark etmenin onun için ne kadar acı verici olduğunu anlayabiliyordu. Çok az insan, bir sorunla karşılaştığında sessizce acı çekebilir ve idare edebilir; birçoğu bunu yapamaz.

Acılarının nedenini kendileri yerine başka birinde ararlar. Eğer suçlunun onlar olmadığı ortaya çıkarsa, kaderi suçlayacaklardır. Ama suçlayabilecekleri biri varsa, o kişiden nefret edeceklerdir. Aksi takdirde asla teselli bulamazlar. Bunzō, yengesinin başına gelenin de bu olduğunu fark etti. Sonunda, yengesi ne derse desin ona sert çıkmamaya ve görmezden gelmeye karar verdi.

Eskilerin dediği gibi tatlı dil yılanı deliğinden çıkarır. Buna inanan Bunzō, her fırsatta yengesinin sevgisini kazanmaya çalışıyordu. Ne yazık ki çabaları pek bir etki yaratmamıştı. Yengesi ona daha fazla ilgi gösterebilse ve annesinin yaptığı gibi sorunlarına sempati duyabilse dünyanın en mutlu insanı olacağına canıgönülden inanmıştı ancak yengesi her teklifini reddediyor; ne kararlarından ne de inadından vazgeçiyordu.

Şu büyük endişesi olmasaydı, yabancı yerine konulmanın acısına bile katlanabilirdi. Omasa'nın, Osei ile arasına girmeye çalıştığını görebiliyordu. Şimdiye kadar Osei'yi ona geçmişte olduğu kadar dostça davranmaması konusunda uyarmakla yetinmişti. Henüz onları ayıracak herhangi bir adım atmamıştı ama bu ruh hâliyle devam ederse neler yapabileceği düşüncesi, genç adamı dehşete düşürdü. Zihninde şüpheler ve kuşkular âdeta yaşam ekmeğinden bir lokma alarak dirilmişti, hayaletler ve silüetler dört dönüyordu. Bu varsayımlar yüzünden kendi kendini bu fâni dünyada cehenneme mahkûm etti. O acıları kovaladıkça, bataklığa sürüklenmeye devam etti.

O sabah Omasa'nın ilk imasından beri, onun önerdiği gibi yapıp yapmaması gerektiğini düşünüyordu. Kendi bildiğini okumaya alışkındı. Biraz yumuşarsa "herkesin ve her şeyin yoluna gireceğini" nazikçe önermesinin ne kadar büyük bir çabaya mal olduğunu şimdi anlıyordu. Pes etmeyi reddederse, yengesi şüphesiz öfkelenecekti. Genç adam, yengesi ile arasında bir kara kedi daha istemiyordu. Öte yandan, eğer dediklerini dinler de devlet dairesinde işe girerse, yengesi yatışacak ve Bunzō, Osei ile evlenebilecekti. Dahası annesini mutlu edecek ve sıkıntılarla cebelleşen ruhunu biraz olsun dinlendirebilecekti.

"Vicdanı ve onuru unutup, onun istediği gibi şefi görmeye gitmeli miyim?" diye sordu kendi kendine. "Şöyle bir görünsem hemen memnun olur ve Osei'nin beni hâlâ istediğini varsayarsak işler yoluna girebilir. Ayrıca, bunu yaptığım için kimse beni korkaklıkla suçlayamaz. Annem de çok üzgün zaten. En azından onun için göğüs gerebilmem lazım."

Sonuç olarak, her ne kadar nefret etse de Noboru ile yeniden dost olmak zorunda kalacaktı. Noboru'yu atlayıp şefi kendi başına kazanmaya çalışırsa, sinsi Noboru'nun müdahale edeceğinden emindi. Her türlü, o aşağılık heriften özür dilemek zorunda kalıyordu. Bunzō, onurundan ödün verebilir, kendine olan saygısını ayaklar altına alabilir ve şefi; annesi ve Osei için terk edebilirdi ama ne kadar yoksul olursa olsun, çektiği acı ne kadar büyük olursa olsun, küstahça ona gururunu ayaklar altına almasını söyleyen, onunla bir çocuk gibi oynayan ve aslında büyük bir zafer kazanmışken yenilgiyi kabul etmiş gibi davranan Noboru'ya boyun eğemezdi. Noboru, onun nefret ettiği düşmanıydı. Noboru'nun yaptığı hiçbir şeyi doğru bulmuyordu genç adam. Hiçbir koşulda ondan bir iyilik isteyemezdi. Bunzō, şefi kandırmanın Noboru'dan bir şey istemekle aynı şey olup olmadığı konusunda endişelenmedi bile. Tek bildiği; doğru ya da yanlış, sonuçları ne olursa olsun ona boyun eğemeyeceğiydi. Ona göre alternatifler korkunçtu: Ya yengesine karşı gelecek ya da Noboru'ya boyun eğecekti. Bunzō iki saat boyunca odasında oturup düşüncelere daldı ve soruna bir çözüm bulmaya çalıştı.

Her şey olacağına varmalıydı. Bunzō, sonunda bir karar verebildi: Osei ile konuşacaktı. Bir dereceye kadar Omasa'nın söylediklerinde haklı olduğunu düşünüyordu. Ayrıca onu sinirliyken görmekten de nefret ediyordu. Ama ona karşı gelmek istememesinin asıl nedeni, Osei'den ayrılmak zorunda kalmaktan korkmasıydı. Osei'nin kendisini sevdiğine kesin olarak karar verdiğinde, her türlü acıya katlanabilirdi. Hem Osei onu seviyorsa, yengesinin isteğini reddetmek mümkün olabilirdi ve o zaman kendisini Noboru'nun ellerine teslim etmezdi. Osei'nin sevgisinin gücüyle, gökler fırtınaya, yeryüzü çürümeye, denizler kurumaya ve kayalar parçalanmaya devam etse bile güçlü kalabilirdi. Omasa'nın onaylamaması, hatta en korkunç yoksulluk bile hiçbir şey ifade etmezdi. Sonuçta cesur bir adam yokluğa yenik düşmekten utanmalıydı.

Evet, ikileminin temelinde, Osei'nin sevgisine duyduğu ihtiyaç yatıyordu. Onun güvencesiyle, kafasındaki karışıklık ortadan kalkacaktı. Ne yapması gerektiğini daha net görebilecekti. Bunu en başından beri neden fark etmemişti? Osei ile konuşacaktı. Mümkün olan en iyi çözüm buydu, daha iyi bir alternatif bulamazdı.

Osei, mevcut sorunlarını değişmeyen aşk maceralarında geçici bir aksaklık olarak kabul edip duygu ve düşüncelerini paylaşırsa, Bunzō'nun nefret ettiği her şey onun da nefretini kazanacaktı. Genç kadın, onun kendisini ayaklar altına alınmasına izin vermesini istemezdi. Şöyle derdi: "Annemin sana ne yapmanı söylediği önemli değil. Noboru'dan yardım istememelisin." Ve ondan, gelecekteki sadakatinin güvencesini istediğinde, üzgün bir sesle "Beni böyle vefasız bir kadın mı sanıyorsun?" derdi. Bu sözleri duyarsa eğer, işte o zaman hiç kimseden korkmazdı. Ateşin içinden geçebilir ya da denize dalabilirdi. Böylece yengesine meydan okumak önemsiz bir meydan okumaya, tek lokmalık bir yemeğe dönüşecekti.

Kararından memnun bir şekilde ayağa kalktı. Ama hemen sonra yine bir tereddüt hissetti. "Son zamanlarda olup bitenlere bakılırsa, belki Noboru'ya... Ya ondan... Neyse, fark etmez. Eğer ondan hoşlanıyorsa, bu konuyu kapatacağım. Ne de olsa ben bir erkeğim. Maymun iştahlı bir kadın için gözyaşı dökemem. Ondan temelli ayrılırım. Bu sefer, onlara ne kadar cesur olduğumu göstereceğim. Noboru'dan da iyi olacağım. Pişman olacak." Kendi kendine meydan okuyan sözler mırıldanarak merdivenlerden indi.

Ne tuhaf, değil mi? Osei'nin Dangozaka gezisi konusunda kendisine anlayış göstermediğini ve eve döndükten sonra nasıl davrandığını unutmayı başarmıştı. Arkasından gülüşünü ve Noboru'yla tartışırkenki davranışlarını bile silmişti. Bunzō, kalbinin derinliklerinde, Osei'nin onu hâlâ ve her zaman sevdiğine inanıyordu. Onunla konuştuğunda, kendisine hak vereceğinden ve planlarında onu cesaretlendireceğinden emindi. Böyle hissetmesi için Osei ona hiçbir neden sunmamıştı. Genç adam, kendi istediği için tüm bunları hissediyordu.

BÖLÜM 12
EVDEKİ HESAP ÇARŞIYA UYMAZ

Bunzō merdivenlerden indi. Odasında tek başına oturan Osei, elini çenesine dayamış, düşüncelere dalmıştı. Bunzō yavaşça kapıyı açtığında Osei biraz kıpırdandı. Uzun süredir aynı pozisyonda duruyor olmalıydı çünkü eli, yanağında kırmızı bir iz bırakmıştı.

"İçeri girebilir miyim?"

"Elbette!"

Genç adam hemen bir yere yerleşti. "Dün gece için özür dilemeliyim..."

"Önemli değil ya."

"Hayır, önemli. Çok özür dilerim. Senin önünde böyle bir şey yapmamalıydım. Annen bu sabah beni bu konuda azarladı."

Osei'nin kahkahası zoraki ve soğuktu. Tavrı o sabahkinden belirgin bir şekilde farklıydı.

"Seninle konuşmak istediğim bir şey var. Annen diyordu ki... Belki de sana bundan bahsetmiştir... Hiç konuştunuz mu?"

"Hayır."

"Doğru, evde değildi... Şefle görüşmeli ve Noboru'nun benim için elinden geleni yapmasına izin vermeliymişim çünkü iyi niyetliymiş. Annenin dediği gibi, eğer kabul edersem kariyerime yeniden başlayabilir ve annemi mutlu edebilirdim. Herkes ve her şey ilk ve son kez halledilmiş olurdu. Yapabilseydim yapardım ama bu, onur ve namus duygularımı feda etmem anlamına geliyordu. Sürünerek şefe gitmem gerekirdi. Bu, bizim gibi insanlar için imkânsız olurdu, değil mi?"

"Eğer yapamayacağını düşünüyorsan, yapma."

"Ama yapmazsam annen çok kızacak."

"Bunun ne önemi var, anlamıyorum..."

Bunzō "Önemsemiyor musun?" diye sordu mutlu bir şekilde, gülümseyerek.

"Umursamadığımdan değil. Doğru olduğunu düşündüğün şeyi taviz vermeden yaptığın sürece kimin ne dediğinin bir önemi olacağını sanmıyorum."

Bunzō'nun gülümsemesi soldu. "Kızgın olmasından çok endişelenmiyorum ama bunun sonucunda olabileceklerden çok korkuyorum... Senin açından önemli olup olmadığından emin olmasam da bu benim için çok acı verici bir şeye yol açabilir... Bu yüzden, ne yapacağım konusunda kararsızım. Her şey şuna bağlı..." Uzun bir süre sessiz kaldı genç adam. Sonra zar zor duyulan bir sesle konuşmasını bitirdi. "Sana bağlı." Bakışlarını yere indirmişti.

Osei'nin onun ne demek istediğini anlayıp anlamadığını söylemek zordu. Son derece rahat bir tavırla "Neden bahsettiğini hâlâ anlamış değilim," dedi. "Şefi görmeye gitmenin nesi bu kadar kötü? Bu, Bay İshida'dan bir iyilik istemekle aynı şey değil mi?"

Bunzō "Değil," diye cevap verdi, başını kaldırarak. "Bu tamamen farklı. Ishida beni anlıyor. Şef anlamıyor..."

"Nasıl bu kadar emin olabiliyorsun? Henüz ona sormayı denemedin bile."

"Geçmiş tecrübelerime dayanarak söyleyebilirim: Anlamadığı çok açık. Hem zaten onu görmeye gitsem bile önce Noboru'yla barışmam gerekecek. Gerçi şef, benim de şefim..."

"Peki ya Noboru ile barışmak zorunda kalsaydın?"

"Barışmamızı istiyor musun?" Bunzō'nun ifadesi değişmeye başlamıştı.

"Barışın diye ısrar etmiyorum ama ne zararı olacak ki?"

Bunzō, sanki kendi kulaklarına inanamıyormuş gibi "Noboru'yla barışmamın mı?" dedi.

"Evet."

"O aşağılık herifle mi? O yağcıyla mı?"

"Ne korkunç şeyler söylüyorsun sen böyle!"

"Yağcı onun için fazla iyi bir kelime. Böyle bir kokarcaya yalakalık yapmamı mı istiyorsun?" Bunzō ona ters ters baktı.

"Geçen gece olanlar yüzünden kızgınsın. O kadar da kötü biri değil, biliyorsun bunu..."

"Öyle mi?" Bunzō, yüzünde acı dolu bir gülümsemeyle arkasını döndü. Tekrar genç kadına dönerek "Ama geçen gün sana karşı cesur davrandığında farklı hissettin, değil mi?"

"O zaman kızmıştım, evet. Fakat o andan beri onunla sık sık görüştük ve söylediğin kadar kötü biri olmadığına eminim artık."

Genç adam sessizce ona baktı. Bu kötüye işaretti.

"Dün gece tartışmanızdan sonra aşağı indiğimizde bana bu konuda bir şey söylememememi çünkü annemin kızacağını söyledi. Başının derde girmesini istemedi. O yüzden anneme ben söylemedim, Onabe söyledi."

"Ne sinsi herif! Söylememeni mi istedi senden?"

"Yine başladın. Çok kötüsün, Bunzō. O kadar hakaret etmene rağmen senin hatırın için sessiz kalmamı istedi. Ona rağmen kalkmış, ona sinsi diyorsun!" Yüzü kızaran genç kadın, kelimeleri daha hızlı söylemeye başladı: "Onunla anlaşamamanızın nedeni kişiliklerinizin çok farklı olması. Sen çok sessizsin, o ise çok hareketli... Ama sırf farklı diye birinden hoşlanmazlık edemezsin! Etrafta dolaşıp insanları aşağılamamalı ve böyle korkunç hakaretler etmemelisin!"

Bunzō çok sinirlenmişti. "Bana, Noboru'dan hoşlandığını mı söylemeye çalışıyorsun?"

"Bunun konuyla hiçbir ilgisi yok. O, senin söylediğin gibi biri değil, bunu diyorum. Birini sebepsiz yere aşağılamaya ve ona böyle korkunç isimler takmaya hakkın yok."

Genç adamın sesi daha saldırgan bir hâl aldı: "Sadece soruma cevap ver: Ondan hoşlandığını mı söylüyorsun?"

Osei, işte şimdi sinirlenmişti. Ona sertçe bakarak "Neden soruyorsun? Seni ne ilgilendirir?" diye karşılık verdi.

"Bal gibi ilgilendirir!"

"Ne diyorsun?"

"Kendimi açıklamak zorunda değilim."

"O zaman ben de soruna cevap vermek zorunda değilim."

"Pekâlâ. Unut gitsin." Bunzō gözlerini kaçırdı. Sanki kendi kendine konuşuyormuş gibi üzgün bir şekilde konuşmaya devam etti: "Cevap vermekten kaçınmak, ne kadar sinsice bir davranış..."

"Ne dedin sen? Sinsi mi? Tamam o zaman. Eğer böyle olacaksa, bunu saklamamın bir anlamı yok. Sana cevabını vereceğim..." Genç kadın durakladı ve sonra meydan okurcasına devam etti: "Evet, Noboru'dan oldukça hoşlanmaya başladım. Ne olmuş?"

Sinirden titreyen Bunzō'nun rengi attı. Konuşamıyordu. Genç kadına nefretle baktı ve gözleri doldu. Kendini çabucak toparladı ve "Demek öyle, öyle mi?" dedi ama sesi titriyordu. "Şimdiye kadar olan her şey..." Devam edemedi, yüreği dayanmıyordu. Bir an sonra kendini toparladı. "Buraya kadarmış..."

"Ne demeye çalışıyorsun?"

"Numara yapmayı bırak. Eğer ayrılacaksak, bunu güzelce yapamaz mıyız?"

"Kim rol yapıyor? Kim ayrılıyor?"

"Hadi ama, bundan daha iyisini yapabilirsin!" Sesi öfkeden tizleşmişti. "Gerçekten, kim? Bunca zamandır benim sevgimle oynuyordun, şimdi de Noboru'yla uğraşıyorsun ve tek yapabildiğin, sözlerimi çarpıtmaya çalışmak..."

"Kim, senin duygularınla oynuyordu? Kimi?.."

Genç adamın gözlerinde yaşlar vardı. Tek kelime etmeden kadına baktı.

"Beni aşağılamayı bırak. Çok kibirlisin. Kendi kendine ne hayaller kurdun, Allah bilir!"

Bunzō, Osei hâlâ konuşurken ayağa fırladı ve "Söyleyecek başka bir şeyim yok. Tek kelime daha dinlemeyeceğim. Seninle bir daha asla konuşmayacağım. Bunu sakın unutma!"

"Kesinlikle unutmayacağım."

"Ve umarım, bir yastıkta kocarsınız!"

Genç kadın "Ne?" derken Bunzō çoktan odadan çıkmıştı. "Lanet olsun. Aptal herif! Benimle bir daha konuşmasa bile umurumda değil. Salak herif."

Annesi içeri girdiğinde Osei hâlâ öfkeyle kendi kendine küfrediyordu. Omasa eve yeni dönmüştü. "Sorun nedir?" diye sordu.

"Ne belası varsa bulsun!"

"Neyin var, dedim..."

"Bunzō ile kavga ettim. Lanet olasıca!"

"Neden?"

"Bu sabah ona söylediğin şey hakkında konuşmak için odama geldi. Dün gece bana söylediğin şekilde onu ikna etmeye çalıştım ama..." Omasa, sesini alçaltması için onu uyardı. "Ama o sinirlendi ve bana bir sürü şey söyledi..." dedikten sonra annesine, olanları kısaca anlattı, kendisini kötü gösterecek her şeyi atladı elbette. "Tek kelimeyle korkunçtu," diye bitirdi sözlerini, gözyaşlarını koluna silerek.

"Seninle bu şekilde mi konuştu? O zaman, bu gerçekten bir son. Bunzō onun yeğeni olduğu için babanın planlarına müdahale etmek istemedim. Belki yola gelir umuduyla birkaç öneride bulunarak o genç adama yardım etmeye çalıştım ama bu kadar kibirli ve bencil olacaksa onu affedemem." Bir an durup düşündükten sonra kızına döndü ve daha alçak bir sesle "Bunu şimdiye kadar senden sakladım: Baban seni bir gün Bunzō ile evlendirmek istiyor. Şu anda bu fikri hoş göreceğini düşünmüyorum."

"Hayır, asla!"

"Emin misin?"

"Açlıktan ölmeyi tercih ederim."

"O zaman, şimdi söylediklerini unutma çünkü kendinden eminsen, aklımda bir plan var."

"Anne, bir yurda taşınmama izin ver."

"Şimdi durup dururken nereden çıktı bu?"

"Bunzō'yu bir daha görmek istemiyorum..."

"Her hâlükârda görmek zorunda kalacaksın. Biraz sabırlı ol. Yakında her şeyi yoluna koyacağım..."

Osei sessiz ve düşünceliydi.

"Şu andan itibaren tavsiyelerime kulak vermelisin. Bunzō ile yüz göz olup durma."

"Onunla bir daha asla konuşmayacağım!"

"Bu, Noboru için de geçerli. Onunla dün gece yaptığın gibi rahatça konuşma. Yanlış bir şey yapmayacağından eminim ama bu, hayatının en önemli zamanı. Evlenmene ne kaldı ki şurada?"

"Başka biri gibi konuşuyorsun. Merak etme, şu andan itibaren onunla konuşmayacağım bile."

"Öyle demek istemedim. Sadece dün geceki gibi davranma, yeter."

"Artık onunla konuşmayacağım."

"Konuşmanda sakınca yok..."

"Konuşmayacağım, konuşmayacağım!" Osei, başını deli gibi salladı.

"Sen delisin. Tek yapmam gereken bir kelime söylemekken, kendini yerden yere vuruyorsun... Kendinde değilsin!" dedikten sonra Omasa ayağa kalktı ve odadan çıktı.

CİLT 3

BÖLÜM 13

İster bilge ister aptal olsun, herhangi bir insanın psikolojisini inceleyerek çok şey öğrenilebilir. Utsumi Bunzō'nun zihinsel süreçlerinin incelenmesi bunu kanıtlayacaktır. Bunzō, Osei tarafından paylandığında odasına dönmüştü. Öfkeden köpürüyordu resmen. Sadece Osei'nin Noboru'ya aşkını ilan etmesi değildi onu öfkelendiren. Belki de bunu o anın sıcaklığıyla, gerçekten istemeden söylemişti; emin değildi. Bundan ziyade başka bir konuda da onun tarafından tamamen aldatıldığını hissediyordu.

Kısa süre sonra, bir yerde oda kiralamaya karar vererek evden ayrıldı. Osei'den tamamen vazgeçmemişti. Onu tedirgin eden, eninde sonunda vazgeçmek zorunda kalacağı gerçeğiyle yüzleşmesiydi. Bu kez taşınması gerekip gerekmediği konusunda bir ikilemde kalmamıştı. Tüm içgüdüleri buna karşı olmasına rağmen hemen toparlanıp, bir an önce gitmeye çalıştı. Eğer zehir konsaydı önüne, onu içer ve hayatını sonlandırırdı.

Taşınmak istiyorsa, uzakta bir oda tutmalıydı. Hongō'da kalacak bir yer aradı ama hiçbir yer bulamadı. Bir süre Koishikawa'da dolaştıktan sonra nihayet Suidōchō'da bir evde boş bir oda bulabilmişti. Odaya gayet sığabilirdi, fiyatı da makuldü zaten. Bu odayı kiralaması gerektiğini anladığında, tereddüdün kucağına düşmüştü yine. "Bunu düşünmem gerekecek," diye mırıldandı giderken.

Yürüdükçe, taşınma konusunda çekinceleri arttı. "Amcam, Osei ile tartıştığım için gittiğimi duyunca çok üzülecek. Ama artık orada kalamam. Neden o odayı kiralayıp bu işe hemen bir son vermiyorum ki?" Ne yapsa bu sıkıntılar peşini bırakırdı ve etrafa çok zarar vermezdi, bilemiyordu. Kararsız ve rahatsız bir şekilde saatine baktı; henüz üç buçuktu. Eve bu kadar erken bir vakitte gitmek istemedi. Yanından geçip gidenleri ürkütecek şekilde kendi kendine konuşarak Ushigome kapısına doğru yürüdü. Banchō'da Ishida'nın evinde durdu.

Neyse ki adam okuldan dönmüştü ve Bunzō'yu hemen içeri buyur etti. Ama sohbetleri çok bunaltıcıydı: Yaşlı adam; sınıfındaki sorunlar, eski öğrencileri, yurt dışı seyahatleri, Londra, *Times* ve Herbert Spencer hakkında konuşup durdu.

Bunzō "Bir yurda taşınmak zorunda kalabilirim," diye söze girdi.

Ishida "Ne kadar şanslısın. Keşke ben de tekrar böyle yaşayabilseydim," diye kıskançlıkla cevap verdi, Bunzō'nun ne kadar mutsuz olduğunun farkında değildi. Genç adam kısa süre sonra oradan ayrıldı.

O öğleden sonra enerji dolu bir şekilde evden çıkmıştı ama şimdi kendini eve doğru resmen sürüklüyordu. Saat sekiz sularıydı. Etrafta Osei'yi aradı ama onu göremedi. "İlişiğini kestiği birini neden görmek istiyorsun?" diye sorulsa "İnsan doğası…" derdi Bunzō. "Tuhaf bir şeydir."

Onabe kömürü getirdikten sonra, hizmetçi kadına öylesine sorular sordu. Onabe, Osei'nin kendini iyi hissetmediğini ve neredeyse hiçbir şey yemeden yattığını söyledi.

"Yemek yemedi mi?"

Onabe "Ağzına ancak bir iki lokma koymuştur," dedi.

Genç adamın ilk tepkisi pişmanlık ve endişeydi fakat ruh hâli hızla değişti. Kötü niyetli bir kahkaha atarak "Muhtemelen yakında sıcak erişte isteyecektir," dedi. Onabe bu tepkiyi oldukça tuhaf bulmuştu ama günün erken saatlerinde evde olmadığı için, aralarındaki tartışmadan haberi yoktu. Hizmetçi kadın aşağıya indi.

Bunzō yalnız kalınca bir kez daha alaycı bir şekilde güldü. Ama şu an böyle saçma sapan şeylere vakit ayıramazdı. Amcasına taşınma bahanesi olarak ne söyleyeceğini düşünmesi daha mühimdi. Fakat bir türlü odaklanamadı; zihni çok doluydu. Amcasına ne söyleyeceğini düşünmeye kendisini zorlamaya çalıştı ama yapamadı. Tamamen alakasız bir şey düşünüp duruyordu. Kendini bu dikkat dağınıklığından ne kadar kurtarmaya çalışsa da başaramadı. Genç kadına sinirlenmiş olmasına rağmen onu düşünmeden edemedi ve Osei için endişelenmeye başladı. Onunla ilgili düşüncelerini defalarca bastırmaya çalıştı ama bu imkânsızdı. "Ya o da benim gibi acı çekiyorsa?" diye düşününce Bunzō, bir anda o gün yaptıklarından pişmanlık duydu, telaşlandı ve kendinden utandı. Bunzō, insanları paylamak yerine her şeye özür dilemesi ile nam salmıştı. Böyle olmasının altında kesinlikle bir şeyler vardır.

BÖLÜM 14

Bunzō, gece neredeyse hiç uyuyamamasına rağmen ertesi sabah erkenden uyandı. Kargaların ötüşünü, açılan güneşliklerin gıcırtısını ve kuyudan çekilen kovanın çıkardığı sesi duydu. Hâlâ yorgun olmasına rağmen kalktı ve aşağı indi. Yüzünden uyku akan Onabe, çaydanlığın altında ateş yakıyordu. Henüz kimse uyanmamıştı. Osei'yi o saatte görmeyi beklemek için hiçbir neden yoktu; her zaman geç uyurdu, hâliyle geç uyanırdı. Genç kadının, kendisine iyi davranmayacağından emindi ama yine de onun nasıl olduğunu öğrenme arzusu yüreğini dağlıyordu.

Yarım saat geçti, sonra bir saat. İçini dolduran umutla "Az sonra uyanır," diye düşündü. İçeri girecekti, muhteşem güzelliğini gölgeleyemeyen dağınık saçlarıyla. Yüzü hâlâ uykudan solgun, gözleri hafifçe şiş olurdu. Bunları düşünen ve hayallere dalan genç adam, daha dün bir yurda taşınmaya karar vermişti!

Kahvaltısını bitirmiş, oturma odasından çıkmak üzereydi ki Osei nihayet çıkageldi. Dolu yağarken karşılaştılar. Bunzō, yaptığı tüm hazırlıklara rağmen gözle görülür bir şekilde sinirlenmişti. Osei ona kayıtsızca bakarak odaya girdi. Hepsi bu kadardı.

Ancak bu kadarı da yeterliydi, çünkü kızın bakışı onu derinden, unutulmaz bir şekilde etkilemişti. Kalbi daraldı ve korkunç bir depresyona girdi. Öğleden kısa bir süre önce sabahki bulutlar yağmura dönüştü ve damlalar düştükçe tamamen umutsuzluğa kapıldı.

Osei hasta olduğunu söyleyerek İngilizce dersine gitmedi. Sessizce odasında kaldı. Onu öğle yemeğinde tekrar gördü, doğrudan kendisine bakmaktan özenle kaçınıyor ve göz göze geldiklerinde son derece kayıtsız bir ifade takınıyordu. En iğrenç bakış bile daha az acı verici olurdu. Onun soğuk bakışları, evdeki genel depresyon ve durmaksızın yağan yağmur arasında Bunzō ağlamak istediğini hissetti.

Berbat gün nihayet sona ererken yağmur durdu. Noboru ziyaret için uğradı. Neşeli sesiyle kapıdan seslendi ve Onabe onu şamatalı bir kahkahayla karşıladı. Osei o sırada oturma odasındaydı ve kalkıp gitmeye çalıştı ama Noboru onu gördü ve Osei kaçamadan tekrar yerine oturdu. Noboru neler olup bittiğinden habersizdi ve her zamanki gibi ona müstehcen şakalar yapmaya başladı. Kız şaka yapmayı reddetti ve sadece görevinin gerektirdiği gibi sertçe eğildi. Adam şaşkındı ve tam neyin yanlış olduğunu soracaktı ki Omasa büyük bir gevezelikle dikkatini başka yöne çekti. İnsan onun günlerdir kimseyle konuşmadığını sanabilirdi. Böylece beklediği fırsatı bulan Osei, tekrar sıvışmaya çalıştı. Noboru onu gördü ve ona nereye gittiğini sordu. Osei, Noboru'yu duymamış gibi davranarak odadan çıktı.

Odası zifirî karanlıktı. El yordamıyla kibrit buldu ama lambanın yerini bulamadı. Onabe onu getirmeyi unutmuş olmalıydı. Hizmetçiye seslendi, bir dakika bekledi ve tekrar seslendi. Cevap gelmedi. Tekrar tekrar bağırdı ve vazgeçmek üzereyken, aptal kız sonunda cevap verdi. "Sana seslenip durdum. Neden cevap vermedin?"

"Arka tarafta işim vardı."

"Bunun konuyla ne ilgisi var?"

"Özür dilerim. Ne istiyordun?"

"Hiçbir şey, hiçbir şey. Karanlıkta olduğumun farkında değil misin?"

Onabe'nin konuyu anlaması ve lambayı getirmesi için birkaç deneme daha yapması gerekti. Düşüncesiz kız, kapıyı arkasından kapatmadan gitti.

Hizmetçiye hiç de yakışık almayan bir şekilde küfreden Osei ayağa kalktı ve kapıyı iterek kapattı. Tam masasının yanına yerleşmişti ki kapı tekrar açıldı. Kendi kendine küfreden Osei etrafında döndü. Şaşkınlık içindeydi; gelen annesiydi. Arkasını döndü.

Omasa hemen ona seslendi. Osei'nin rahatsız edilmekten rahatsız olduğu belliydi. "Neden bu kadar tuhaf davranıyorsun? Noboru senin neyin olduğunu merak edecek. Geri gel." Omasa bir an bekledi. Kızı, geleceğine dair hiçbir işaret vermedi. Omasa sesini yükseltti. "Gel dediğimde gel."

"Benimle böyle konuşmaya hakkın yok," diye cevap verdi kız, başını kaldırarak.

Omasa, onun gözlerinde yaşlar gördü ve bir an ne diyeceğini şaşırdı. "Pekâlâ, ne istersen yap," diye söze başladı ama kızı kendilerine katılması için ikna etmeye çalışırken sesi yumuşadı.

Osei cevap vermedi.

"Ah, Tanrı aşkına! O zaman burada tek başına kal," dedi tiksintiyle ve oturma odasına döndü.

Bu şekilde dışarıda bırakılması kendi suçuydu ama yine de Osei, orada oturup birinin onun için geri gelmesini beklerken çok sinirlenmişti. Kimse gelmedi. Gelmiş olsalardı bile gururu onlara katılmasına izin vermezdi. Bu arada onların gülüştüklerini ve neşeyle dedikodu yaptıklarını duyabiliyordu. Öfkeyle eline renkli bir kalem aldı ve yepyeni ders kitabının kapağını çizmeye başladı. Zavallı *Swinton*!

Kapağı yeşilin korkunç bir tonuna boyamayı henüz bitirmişti ki, koridordan birinin geldiğini fark etti. Hızla kitabı açtı ve içindekileri dikkatle inceliyormuş gibi yaptı, kitabın baş aşağı durduğunu fark etmedi. Sanki saatlerdir ders çalışıyormuş gibi görünüyordu.

Kapı kayarak açıldı. Osei titriyordu, gözleri hâlâ kitaptaydı, Noboru öylece içeri süzüldü. Daha o konuşmadan kim olduğunu anlamıştı. "Kaçmışsın," dedi neşeyle. "Senin için fazla mı yakışıklıyım?"

Osei başını yavaşça kaldırdı ve soğuk, sakin bir sesle konuştu. "Özür dilerim ama yarınki derslerimi henüz bitirmedim."

Noboru bu kadar kolay vazgeçecek biri değildi. "Önemli değil," dedi ve onun yanına yerleşti.

"Gerçekten, henüz bitirmedim."

"Sorun nedir? Annen seni azarladı mı? Azarlamadı mı? Peki o zaman, ne oldu?" Başını eğdi ve bir an düşündü, sonra kendi yanağına hafifçe vurdu. "Anladım! Şimdi anlıyorum. Bana daha önce söylemeliydin. Benden etkileniyorsun, değil mi? Ve annenin önünde hiçbir şey söyleyemedin. Bu yüzden olmalı. Demek, beni buraya sürüklemek istedin. Ne harika! Beni sevdiğini söyler misin? Bunu duyarsam çok mesut olurum. Eğer haklıysam her şey yoluna girecek... Sakın merak etme! Çünkü senden uzun zamandır hoşlanıyorum. El ele yaşar gideriz. Hiç sorun olmaz. Biraz sarılalım, en azından bir şeyler aramıza girmeden önce..." Kollarını uzattı ve ona yaklaştı.

Osei ondan uzaklaşırken "Ders çalışmaya çalışıyorum!" diye bağırdı.

Noboru "İstemiyor musun? Özür dilerim, özür dilerim," dedi, zamanlamasının biraz yanlış olduğunu fark ederek. Tam o sırada Onabe koridordan ona seslendi. Osei ile bir yere varamayacağını ve ona dokunursa Osei'nin muhtemelen ağlamaya başlayacağını anlayınca, kaçmayı memnuniyetle kabul etti.

Bu arada Bunzō üst kattaki odasında huzursuzca dolanıyordu. Noboru geldiğinden beri çok huzursuzdu. Seslerini sadece belli belirsiz bir şekilde duyuyordu, ne konuşulduğu hakkında bir fikri yoktu. Sonunda kendini daha fazla tutamadı ve aşağı inmek için bir bahane uydurdu. Osei'nin odasının önünden geçti, bir süre dinledi ve sonra kapıya yaklaşıp aralıktan içeriye baktı. Osei masasının üzerine eğilmiş, ağlıyordu. Genç adam "Onunla konuşmalıyım," diye karar verdi birden.

BÖLÜM 15

Bunzō verdiği karardan çok memnundu. Hiç kendisini zorlamamıştı, bir anda aklına gelivermişti, bu karar. Biraz daha sabrederse her şey yoluna girecekti. Zavallı Bunzō, bir rüyanın içinde yaşıyordu.

İki gün boyunca fırsatın gelmesini bekledi. O sabah Omasa, tanıdığı bir tefeciyle birlikte evden ayrıldı ve Bunzō, zamanının geldiğini hissetti. Osei'nin sabah dersinden döndüğüne dair bir işaret almak için endişeyle onu dinledi. Sonunda onun hizmetçiyle nazikçe konuştuğunu ve annesini sorduğunu duydu.

Genç kadının sesiyle Bunzō ayağa kalktı. Kalbi çarpmaya başlayarak, titrek adımlarla aşağıya indi. Osei'nin odasında olduğunu sanıyordu ama evin etrafında dolanırken onun, kapının girişindeki sütuna yaslanmış, düşünceli bir şekilde gökyüzüne baktığını gördü. Genç adam durunca Osei arkasını döndü ve onu gördü. Belli ki sinirlenmişti, odasına girdi ve kapıyı öyle bir kuvvetle itti ki kapı, sütundan birkaç santim sekti.

Bunzō açıklıktan baktı; yüzünde acı dolu bir ifade vardı. Tereddütle ilerledi, titreyen elini kapıya koydu ve titreyerek kapıyı açtı. Osei masasının önünde oturmuş, hiç hareket etmeden duvara bakıyordu. Genç adam belli belirsiz bir sesle adını söyledi. Osei cevap vermedi ve genç adam tekrar seslendi. Hâlâ cevap yoktu. Bunun iyiye işaret olduğunu düşünerek, içeri girip oturacak kadar cesur hissetti. "Seninle konuşmak istediğim bir şey var," diye söze başladı.

Osei yavaşça başını çevirdi, sanki boynundaki damarlar gerilmiş gibi hareket ediyordu. Güzel gözleri ona küçümseyerek, alaycı bir şekilde baktı.

Bunzō ürperdi ve geri çekildi. Dikkatle kızın yüzünü inceledi. Genç kadın hiçbir şey söylemeden arkasını dönünce Bunzō biraz rahatlamış hissetti. Beceriksizce gülümsedi ve son buluşmalarında söyledikleri için özür dilemeye başladı. Kelimeleri telaffuz etmekte zorlanırken, Osei aniden ayağa kalktı. Tamamen hazırlıksız yakalanmıştı. Genç kadının kuşağının gözlerinin önünde dans eden baskılı deseni, içinde bir dürtü uyandırdı. Kızın kolunu tuttu.

"Ne yapıyorsun?" diye haykırdı. Kızın sesi sertti.

"Sadece seninle konuşmak istiyorum."

"Şimdi zamanım yok." Osei kolunu çekti ve hızla odadan çıktı.

Bunzō beklediği fırsatı kaçırdığını fark etti. Onun peşinden gitmeye çalıştı ama cesareti yitip gitmişti. Yavaşça üst kata çıktı.

Kendine lanet okudu, utanç ve pişmanlıktan yüzü kızardı. İçindeki binlerce pişmanlığı akıtmak istercesine "Eve gelince annesine söyleyecek, lanet olsun. Kahretsin, kahretsin," diye bağırdı. O anda uzaktan, öğle vakti olduğunu haber eden zil sesi duyuldu. Onabe öğle yemeğini anons etti ama o, odasından çıkmaya cesaret edemedi. Titreyerek aşağı inmeden önce birkaç kez çağrılması gerekti.

Omasa dönmüştü ve kızıyla birlikte küçük bir masada yemek yiyorlardı. Bunzō konuşmadan selam verdi ve yerine oturdu. Osei'nin olanları annesine anlatmış olmasından korkarak, çekingen bir tavırla onlara baktı. Osei tedirgin görünmüyordu ve Omasa'nın ifadesinden, bilip bilmediğini anlayamadı. Tedirgin bir şekilde yemeğe başladı.

Birden Omasa'nın sesi kükrercesine yankılandı: "Neden, ne yaptığına dikkat etmiyorsun? Sen bebek değilsin!" Dehşete kapılan Bunzō, tabağından başını kaldırdı ama ciddi bir şey yoktu.

Osei az önce kucağına biraz çay dökmüştü. Azarlanmaktan rahatsız olan Osei annesine aldırış etmedi. Omasa "Çabuk sil şunu," diye emretti. "Neden orada aptal gibi oturuyorsun? Sen üç yaşında bir çocuk değilsin. Aptallığının bir sınırı olmalı!" Osei yine de itaat etmedi.

Bu gülünç bir sahneydi. Onabe sessizce izlemeye dayanamadı. Bir lokmada yemeğini yuttu ve kıkırdamaya başladı. Bunzō da güldü, içindeki gerginlikten kurtulmaya çalışıyordu. Osei arkasını döndü ve öfkeyle ona baktı. Hizmetçi gülmeyi bıraktı ve bakakaldı. Bunzō'nun da beti benzi attı.

"Demek, ben bir aptalım..." dedi Osei acı acı. "Devam et ve istediğin kadar gül. Ne kadar kabasın. Benim azarlanmamın nesi komik?"

"Bu yaygara da neyin nesi? Sadece şu çayı sil ve bunu mesele hâline getirmeyi bırak." Omasa kızına, hibachiden aldığı bezi fırlattı.

Osei ona dokunmayı reddetti. "Çok zeki olmayabilirim ama senin gibi söylediklerimi unutmuyorum, Bunzō. Bu işe karışma, duydun mu? Bana gülmek yerine kendini düşünmelisin. Sen nasıl bir adamsın? Benimle bir daha asla konuşmayacağını söyleyip böyle davranıyorsun!"

"Osei!" diye bağırdı annesi, onu susturmaya çalışarak.

Osei hiç aldırmadı. Dişlerini sıktı, göz ucuyla Bunzō'ya sert bir şekilde baktı. "Üç gün bile olmadı, odama gelip..."

"Neyin var senin?"

"Öfkeliyim, olan bu. Önce beni aşağılıyor ve bana fahişe diyor, birkaç gün sonra da odama girip kolumdan tutuyor ve benimle konuşmak istediğini söylüyor. Daha ne kadar dayanabilirim? Eğer söyleyecek bir şeyin varsa, devam et ve bunu annemin önünde söyle."

Omasa onu durdurmaya çalıştı ama Osei saçmalamaya devam etti. Omasa bir süre daha devam etmesine izin verdi ve yeterince dinlediğini hissettiğinde Onabe'ye işaret etti. Hizmetçi kendi düşüncelerinden sıyrıldı, aceleyle yemek çubuklarını bıraktı ve Osei'nin yanına koştu. Kızı kendisiyle birlikte odadan çıkması için ikna etmeye çalıştı ama Osei gitmeyi reddetti. "Hayır, beni yalnız bırak," diye bağırdı. "Benimle konuşmak istediğini söyledi. Henüz ne olduğunu duymadım. Hayır, beni yalnız bırak. Bana söyleyene kadar gitmeyeceğim. Artık çok ağır hakarete uğradım. Beni yalnız bırakın, beni yalnız bırakın." Ama hizmetçinin gücüne karşı koyamadı ve sürüklenerek, çığlıklar içinde götürüldü.

Bunzō'nun kendine gelmesi biraz zaman aldı. Osei'nin biraz kızacağını tahmin etmişti ama ona bu kadar şiddetli saldıracağını hiç düşünmemişti. Şoktan nutku tutulmuştu ve karışmış zihni, öfkeyi kaydetmek bir yana, ne olduğunu bile tam olarak anlayamıyordu. Bulunduğu yerden bir anda yok olmak için can atıyordu. Omasa ona doğru baktığında, yüzünde belli belirsiz bir gülümseme vardı. Bir şeyler söylemek zorundaydı. "Geçen gün çok kötü davrandım. Sana henüz söylemedim ama Osei'ye öyle bir şey söyledim ki..." Genç adam devam edemedi.

Omasa "Biraz duydum," diye itiraf etti. "Seni üzecek bir şey söylemiş olmalı, o çok bencil bir kız..."

"Hayır, onun hatası değildi."

"Eminim ki öyleydi," diye bağırarak onun sözünü aniden kesti. Devam ederken sesi normal tonuna geri döndü. "Onun iyiliği için söylediğine eminim ama evlenmeden önce genç bir kız hakkında söylediklerimize çok dikkat etmeliyiz. Azarlanmayı hak ettiğini biliyorum ama hakkında dedikodu çıkmasına da çok üzülürüm."

"Onun itibarını zedeleyecek hiçbir şey söylemedim."

"Söylediğini ima etmiyorum. Ne de olsa böyle şeyler olur. Lütfen olmamasına dikkat edelim. Umarım yanlış anlamazsın."

Bunzō tamamen yıkılmıştı. Söyleyebileceği hiçbir şey yoktu. Acınası bir hâlde ona baktı.

"Kendi çocuğun yoksa bunu anlayamazsın. Bir kız, evlenene kadar hep bir endişe kaynağıdır. Dışarıdan bakanlar, böyle yaramaz bir kıza ne olacağının önemli olmadığını düşünebilir ama her şefkatli ebeveynin size söyleyeceği gibi çocuk, çocuktur. En ufak bir ipucu bile iyi bir evlilik şansına çok zarar verebilir. Ayrıca Bunzō, kimse hakarete uğramaktan hoşlanmaz, değil mi?"

Artık kendini tutamıyordu. "Osei'ye hakaret ettiğimi mi ima ediyorsun, yenge?"

"Ne korkunç bir laf!" Omasa hırçınlaşarak cevap verdi. "Ona hakaret ettiğini kim söyledi? Ben sadece hakarete uğramanın ne kadar zavallıca bir şey olduğunu anlatmaya çalışıyordum, bu konuda biraz deneyimim olduğu için kendim de çok iyi bilirim." Sesi daha da keskinleşti. "Benimle bir tartışma başlatmaya mı çalışıyorsun? Sırf kadın olduğum için beni sinirlendirebileceğini mi sanıyorsun?"

Bunzō özür diledi. Gözlerine acı ve öfke dolu yaşlar hücum etti. Başını kaldıramadı. Özür dilemeye devam etti.

"Beni çok haksız duruma düşürüyorsun. Özür dileyerek işin içinden çıkmaya çalışma. Aklından zorun mu var? Bana bir açıklama borçlusun."

Bunzō başını öne eğerek özür dilemeye devam etti. "Öyle demek istememiştim. Çok özür dilerim."

Omasa bir süre sessizce onu izledi. Bundan daha fazla kazanılacak bir şey yoktu. "Bütün sorunlarımın nedeni o," dedi kaşlarını çatarak. "Ona ilk ve son kez haddini bildireceğim," dedi ve odadan çıktı.

Genç adamın sonunda gözyaşları dinmeye başladı. Bir süre kıpırdamadan öylece oturdu. Onabe geri döndüğünde, Bunzō kendini sürükleyerek ayağa kalkmak zorunda kaldı. Odasına çıkarken Osei'nin çığlıklarını duydu: "Bu evde olmaktan nefret ediyorum, bu evde olmaktan nefret ediyorum!"

BÖLÜM 16

Bunzō bu kadar aşağılandıktan sonra bile evden çıkmaya karar veremedi. Gece gündüz odasında, sessiz ve içine kapanık bir şekilde kalıyor, mecbur kalmadıkça aşağıya inmiyordu. Nadiren konuşuyor ve kendisine seslenildiğinde çoğu zaman cevap vermiyordu. Bazı geceler o kadar sessizdi ki Onabe lambasını getirmeyi unutmuştu. Bunu ona hatırlatmak için hiçbir çaba göstermiyor ve zifirî karanlık odasında kayıtsızca oturup düşünüyordu.

Dışarıdaki sakinliği, içindeki hareketlilikle keskin bir tezat oluşturuyordu. Gördüğü zalimce muamelenin etkisiyle birdenbire her şeyi yepyeni bir ışık altında görmeye başladı. Mantığını çarpıtan tutku perdesi yırtıldı ve zihni berraklaştı. Uyuyan zekâsı nihayet uyandığında, etrafındaki dünyayı mantıklı ve objektif bir şekilde değerlendirebildi. Bunzō, elbette tamamen olmasa da, soyut bir şekilde yeniden doğmuştu. Ve bu yeni içgörünün avantajıyla son birkaç günün olaylarını gözden geçirdiğinde, ne kadar aptalca davrandığına hayret etti.

Omasa'nın kişiliği çok az düşünmeyi gerektiriyordu; onun yüzeysel olduğunu her zaman biliyordu. Ama Osei'yi değerlendirirken ciddi bir hata yapmıştı. O, hiç de iyi bir kız değildi. Aslında kaprisli, düşüncesiz ve acımasızdı. Yüzeysel güzelliği gerçek erdemle karıştırmıştı. Kız, onun muhakeme gücünü elinden almıştı.

İlk hatası, onu önemsediğini düşünmek olmuştu. Aşk karşılıklı anlayış gerektirir ve Osei'nin Bunzō'nun gerçekte nasıl biri olduğuna dair en ufak bir fikri yoktu. Onu hiç sevmemişti; onunla flört etmişti çünkü o an için ilgisini çekmişti.

Tüm kolay etkilenen insanlar gibi Osei de bir şeydeki benzersizliği ve özgünlüğü algılamakta ve aynı hızla ona âşık olmaktaydı. Ne yazık ki nesneye ilişkin değerlendirmesi, ilk izleniminden yola çıkarak kendiliğinden oluşuyordu. Yüzeyin altında saklı olabilecek daha derin anlamları ortaya çıkarmaya nadiren çalışırdı. Yeni bir şeye karşı duyduğu çılgınca coşkuyu gören biri, onun ciddi ve samimi olduğunu düşünebilirdi; ancak ilgisi o kadar yüzeyseldi ki, daha tam olarak tadını çıkaramadan onu unuturdu. Bir şeylerden büyülenir büyülenmez o şeylerden hoşlanmamaya başlardı. Aynı şekilde, yeni bir şey elde etmek için duyduğu coşku, ona sahip olduktan sonra kayıtsızlıkla birleşiyordu. Büyük bir hevesle satın aldığı kitaplara neredeyse hiç bakmazdı. Uğruna çok mücadele ettiği İngilizce derslerine çok az hazırlıkla katılırdı. Her konuda bu şekilde davranıyordu. Artık Bunzō'ya olan ilgisini kaybetmişti; aralarında geçen herhangi bir şey yüzünden değil, kendi değişken mizacı yüzünden. O zaman da kişilikleri birbiriyle çatışıyordu. Osei neşeli ve yüzeysel, Bunzō ise içine kapanık ve çekingendi. Sonsuza dek iyi geçinememeleri çok doğaldı. İşini kaybetmemiş, yoksulluk ve utançla tehdit edilmemiş olsaydı bile, Osei er ya da geç onunla ilgilenmeyi bırakacaktı.

Kesinlikle aceleci ve düşüncesizdi, ama bu onun doğasıydı ve bunun için suçlanamazdı. En olgun, en zeki insan bile temel kişiliğinin üstesinden gelemez; böylesine masum bir genç kızdan da bunu yapması beklenemezdi. En ufak bir öz farkındalığa sahip değildi ve içgüdülerinin dikte ettiği şekilde davranıyordu. Eğer Osei'yi aptallığından dolayı kınıyorsanız, daha eğitimli ve bilgili bir insanın kendi kontrolünü kaybetmesine ne diyebilirsiniz? Bunzō için ne söyleyebilirsiniz?

O, başkasını suçlamanın bir anlamı olmadığını, hepsinin kendi hatası olduğunu fark etti. Osei çok kötü davranmıştı ama kendisi de öyle. Sonunda yaptıklarının sorumluluğunu üstlenmenin ne demek olduğunu anlamıştı.

Ancak bu yeni öz farkındalık seviyesine ulaşırken, Osei'nin gözü kara davranışının sonuçlarını anlamadığından emin olduğunu hissetti. Onda hoş ve çekici olan her şey, düşüncesizliğinin ve taşkınlıklarının çirkinliği yüzünden yok oluyordu ve o, bu trajediyi görmekten âcizdi. Bunzō geceler boyunca onu düşünerek, ona ne olacağını merak ederek uyuyamadı.

Zavallı Bunzō, anlaşılan, henüz yeterince acı çekmemişti.

BÖLÜM 17

Kızının çok kötü davrandığı o uğursuz günde, Omasa onu sert bir şekilde azarlamak için tam iki saat harcamıştı ve o andan itibaren ikisi arasındaki ilişkiler önemli ölçüde düzeldi. Bunzō'dan karşılıklı olarak hoşlanmamaları onları tabii ki bir araya getirmişti ancak belki de bundan daha fazlası vardı. Osei, annesine karşı son derece saygılı davranmaya başladı, sanki onu pohpohlamaya çalışıyordu.

Alışkın oldukları atışmalardan mahrum kaldıklarında, Bunzō konusunu tükettikten sonra aslında konuşacak çok az şeyleri olduğunu fark ettiler. Noboru aniden onları görmeye gelmeyi bırakmış ve ev halkı donuk, cansız bir hâl almıştı.

Osei bir akşam esnerken ve gerinirken, gözyaşları içinde "Çok sıkıldım," diye haykırdı.

Yeni gazeteyi tarayan Omasa, gözlüklerinin üzerinden başını kaldırdı. "Orada hiçbir şey yapmadan oturup durma. Neden kitabını alıp en azından derslerine çalışmıyorsun?"

Kız, bu öneri karşısında kaşlarını çattı. "Yarınki işimi çoktan yaptım."

"Ha?" Omasa, kâğıdını tekrar eline aldı.

"Anne," dedi Osei düşünceli bir sesle. "Sence Noboru neden artık gelmiyor?"

"Merak ediyorum."

"Belki de kızgındır."

"Belki..."

Omasa belli ki onunla konuşmakla ilgilenmiyordu. Osei dudağını ısırdı ve dalgın dalgın lambaya baktı. Birkaç dakika sonra yeniden huzursuzca kıpırdandı. "Anne."

"Ne oldu?" Omasa sinirlenerek doğruldu.

"Sence kırgın olduğu için gelmiyor olabilir mi?"

"Neye?"

"Şey, buraya son gelişinde ona iyi davranmadığım için..." Annesine baktı.

"Ah, Tanrı aşkına," dedi Omasa ve gülümsedi, kızının hâlâ ne kadar küçük bir çocuk olduğunu fark ederek. "Buraya sadece seni görmek için gelmiyor, biliyorsun."

"Hayır, tabii ki gelmiyor," diye duraksadı Osei, utanç içinde gülümseyerek.

Tam o sırada Noboru, her zamanki gibi şakacı ve ukala bir tavırla eve uğradı, tabii ki kendisinden bahsedildiğinden habersizdi.

Omasa sevinçle, "Şeytan demişken," diye seslendi. "Biz de tam senin hakkında konuşuyorduk. Ne hakkında? Doğal olarak... Senin hakkında nasıl iyi konuşabiliriz ki?" Güldü. "Şaka yapıyorum ama seni görmeyeli epey oldu. Kendine başka bir delik mi buldun? Oh, buldun mu? Ne kaypak bir yılan balığı... Solucan olmaktansa yılan olmak daha iyi tabii. Yılan balığından bahsetmişken, köşede, kızarmış yılan balığı için güzel bir restoran var. Bize bir şeyler ısmarlamanı beklediğimden değil ama son zamanlarda bizi ihmal ediyorsun." Tekrar güldü.

Osei normalde bu tür çift anlamlı şakaları itici bulurdu ama o gece, kendince nedenlerden dolayı bunlara tahammül etti. Yüzünü buruşturdu ve göz ucuyla Noboru'ya baktı, bir yandan da neşeyle gülüyordu. Utancını gizlemeye mi çalışıyordu yoksa aşırı derecede mutlu muydu? Genç hanımın kendisine sormadan bunu bilmek imkânsızdı.

Osei "Kızın ismi neydi?" diye sordu, bıyık altından gülerek.

"Hana ya da Mimi gibi bir şey."

"Bu işte iyi mi?"

"İngilizcede mi? Hayır, pek değil. Daha yeni başladı."

"Ah, peki o zaman," dedi küçümseyici bir gülümsemeyle. Daha o sabah kendi öğretmeni onu "Sana soracağım," dediği için düzeltmişti ama bu, konumuz dışındaydı.

"Utsumi'ye ne oldu?" Noboru, Omasa'ya sordu.

Omasa kaşlarını çattı. "Hâlâ burada," diye cevap verdi umutsuz bir ifadeyle. "Küstahlığına inanamıyorum. Ama en kötüsü bu değil. Osei'ye bir şey söyledi..."

"Öyle mi? Anlatın bakalım."

Omasa, Bunzō'nun Osei'nin odasına girdiği andan itibaren olan her şeyi hevesle anlattı ve kendi birkaç dokunuşunu da ekledi. Noboru çenesini sıvazlayarak dinledi. Osei'nin ona nasıl saldırdığını duyunca kahkahayı patlattı. "Bu canını yakmış olmalı," diye haykırdı.

"O anda oldukça ezilmiş görünüyordu ama birkaç saat sonra eski hâline döndü. Küstahlığının sonu yok."

"Ve beni flört etmekle suçladı!"

"Öyle duydum. Herkese bu kadar kızgınken burada yaşamasının bir anlamı yok. Onun yerinde olsaydım, ilk ve son kez bir pansiyona taşınırdım. Tüm bu olanlara rağmen, yemeklerini sürüklenerek yemesi çok garip. Bunu daha ne kadar sürdürmeye niyetli olduğunu hayal bile edemiyorum."

Noboru acı acı gülümsedi. Bir süre sonra "Bundan kurtulmanın kolay bir yolunu göremiyorum," dedi.

"Ben de öyle," diye cevap verdi Omasa.

Onlar konuşurken, civardaki bir restorandan gelen bir haberci, mutfak kapısında kendini duyurdu. Omasa bir an için şaşırdı ama sonra Noboru'nun bir şeyler getirttiğini fark edince gülümsedi. Noboru'yu görünce sevinçten havalara uçtu ve kutunun kapağını kaldırdığında, içindekiler karşısında daha da kendinden geçti. Zaman olsaydı, Osei'nin neden sakince arkasına yaslanıp bu saçmalığı dinlediğini merak ederdi insan. Omasa aceleyle hibachiye odun kömürü ekledi, kömürleri üfledi, bir tencere suya bir sake şişesi koydu ve çaydanlığı da ateşin üzerine koydu. Kısa sürede hepsi içmeye başladı. Genellikle misafirlerle yapılan içki içme formaliteleriyle uğraşmak yerine şakalar yaptılar, neşeyle birbirlerine oyunlar oynadılar, uzun masallar anlattılar ve kahkahalarla güldüler. Daha fazla içtikçe, aşk şarkıları mırıldanmaya ve popüler şarkıların parodilerini yapmaya başladılar. Ama biz, hikâyeye devam etmek için ayrıntıları geçelim.

Tüm yiyecekler bittiğinde, Omasa kalktı ve odadan çıktı. Yalnız kalan Osei ve Noboru birbirlerine nazlı nazlı baktılar. Kız kıkırdadı ve sonra hemen ciddi ve sakin bir tavır takındı.

"Neden kıkırdadığınızı merak ediyorum."

"Özel bir şey yok."

"Yakışıklı kahramanınızı tekrar gördüğünüz için mutlu musunuz?"

"Midem bulandı. Ne çirkin bir yüz!"

"Ne?"

"Ne kadar yakışıklı bir yüz, dedim..."

Adam sessizce onu izledi.

Kadın temkinli bir şekilde, alay ederek ve gülerek sözlerini tekrarladı. Noboru yaklaştı ve kız geri çekilmeye çalıştı ama kolları birbirine dolandı ve Noboru'nun, elini sıkıca tuttuğunu fark etti.

"Ne yapıyorsun?" diye sordu, oldukça sakin bir şekilde.

"Hiçbir şey. Sadece seni tutsağım yaptım, hepsi bu."

Osei kurtulmaya çalıştı. "Ah!" diye bağırdı, kaşlarını çatarak. "Canımı yakıyorsun."

"Biraz acıttım mı?

"Beni serbest bırak. Hadi ama. Eğer yapmazsan elini ısırırım.

"Seni yiyecek kadar seviyorum..." Noboru onun itirazlarına kayıtsız kalarak mırıldandı.

Osei sert görünmeye çalıştı. "Senden, beni bırakmanı istedim. Çığlık atacağım," dedi tatlı bir sesle.

"Devam et ve çığlık at."

"Noboru elimi tutuyor," diye fısıldadı Osei, kahkahalara boğulmuş bir hâlde.

"Seni zavallı küçük şey."

"Gerçekten, bırak gideyim."

"Neden? Utsumi öğrenirse çok mu kötü olur?

"O canavardan bana ne?

"O zaman bir dakika elini tutmama izin ver. Sorun yok, kötü bir şey yapmayacağım. Ama biraz..." diye kulağına bir şeyler fısıldadı.

Osei çok ciddileşti. "Oh, hayır. Böyle bir şeyi nasıl önerebilirsin?"

Noboru onun ciddi ifadesini ilgiyle izledi. "Neden olmasın? Sadece birazcık…" diye şakalaştı gülümseyerek.

"Hayır. Ne fikir ama! Senden, gitmeme izin vermeni istedim." Kız kendini kurtarmaya çalıştı ve boğuşurlarken koridordaki ayak seslerini duydular. Noboru onun elini bıraktı ve bir kahkaha patlattı. Omasa içeri girdi.

"Osei'yi yalnız bırakmamalısın," dedi. "Elimi tuttu ve beni baştan çıkarmaya çalıştı. Korkunçtu!"

"Ah, seni yalancı! İnsanı sinir ediyorsun…"

Noboru tavana baktı ve güldü.

BÖLÜM 18

Bir hafta geçti, sonra iki. Noboru onları düzenli olarak ziyaret etmeye devam etti ve Osei ile çok samimi oldular. İkisi de neşeli, uçarı insanlar oldukları için birbirleriyle rahatlamaları kolaydı. Osei onun yanında istediği kadar kaygısız olabiliyordu. Bunzō ile olduğu gibi kişilik çatışması yoktu ve ne zaman bir araya gelseler, birbirleriyle neşeyle şakalaşıp alay ediyorlardı. Osei ciddi bir ton takınmaya çalıştığında, Noboru fark etmemiş gibi davranıyor, bunun yerine onu kendi ruh hâline çeken hafif veya eğlenceli bir sözle karşılık veriyordu. Zavallı Osei gülmemek için elinden geleni yapıyordu. Dudağını ısırıyor, kaşlarını büzüyor ve kıpkırmızı oluyor ama adamın neşesi son derece bulaşıcı olduğundan Osei, imrenilen vakarını feda edip boyun eğmek zorunda kalıyordu. Öyle bir noktaya gelmişti ki, sadece yüzünü görmek bile onu güldürüyordu. Osei sürekli

Noboru'yu eleştiriyordu. "Gerçekten korkunç biri. Tek yaptığı, insanları güldürmek," diyordu.

Osei ile her zaman şakalaşan Noboru, Omasa'ya karşı daha ölçülüydü, ancak elbette aralarında hiçbir resmiyet yoktu. Şakalaşır ve birbirleriyle alay ederlerdi ama aynı zamanda, her ikisinin de ilgilendiği daha ciddi konulardan da bahsederlerdi. Doğal olarak "ciddi" konuların hepsi oldukça sıradan konulardı; faiz oranları ve devlet tahvillerinden, emlak satış söylentilerinden ya da kirasını ödemeyen bir kiracıya sahip olmanın talihsizliklerinden söz ederlerdi.

Bu konular Osei için hiç ilgi çekici olmasa da, Osei onları dinledikçe yavaş yavaş, aralarında var olan, konuşmalarını canlandıran ve ona özel bir canlılık, sıcaklık katan sempatinin farkına vardı. Bu sempati sayesinde sıradan konuları, kadın hakları ve öfke hareketinden daha önemli, daha ilginç hâle geldi.

Aslında konuşmaları o kadar ilginçti ki, devlet tahvillerinin yenilenmesi, bir bankanın iç işleri ya da şefin savurgan alışkanlıkları hakkında konuşmaya başladıklarında Osei'yi tamamen unutuyorlardı. Noboru bile ona sevimli davranmayı ihmal ediyordu. Osei ise oturup onları dinlemek zorunda kalıyordu; son derece sıkılıyor, esniyor ve kendi odasına kaçmak için can atıyordu ama her nasılsa bu fırsatı hep kaçırıyordu. Orada oturup sohbete daldıkça uykusu gelir, yüzleri kararır, sesleri uzaklara dalar giderdi.

Uykuya daldığında, Noboru aniden kükreyerek, "Sadece 10 yen!" diye bağırdığında kendine geldi. Utanarak onlara gizlice baktı ama belli ki fark etmemişlerdi. Rahatlamıştı. Kısa süre sonra göz kapakları tekrar ağırlaştı ve huzur içinde uykuya daldı. Birkaç saniye sonra biri onu sarstı ve gözlerini açtığında onların güldüğünü duydu. Gülümsedi ve yorgun olduğunu söyledi.

Sıkıntısını ve rahatsızlığını kıpırdanarak gidermeye çalıştıktan sonra, tekrar uykuya dalmamak için, ne pahasına olursa olsun onların bitmek bilmeyen para ve iş konuşmalarına katılmaya karar verdi. Söz almak son derece zordu, çünkü biri konuşmayı keser kesmez diğeri başlıyordu. Sonunda bir boşluk bulduğunda, söyleyecek bir şey bulmak için el yordamıyla zaman harcarken zaman doluyordu. Tecrübe bilgeliği doğurur; önceden bir cümle planlayacaktı. Saç tokasını öfkeyle saçına saplarken aklına bir şey geldi, uygun anı yakaladı ve "Devlet tahvilleri şu anda ne kadar?" diye araya girdi. Osei bile sorusunun kulağa tuhaf geldiğini fark etti.

Omasa ve Noboru kahkahayı patlattı, ondan böyle bir şey duydukları için çok eğlenmişlerdi. Kimonosu için yaka ya da oyuncak bebekleri için bir şey kastetmiş olabileceğini söylediler. Bu durum Osei'nin suratını asmasına neden oldu, ama eğer onu bu ruh hâlinden kurtarmaya çalışırlarsa buna içerleyecekti, çünkü bu, ona küçük bir kız gibi davrandıkları anlamına geliyordu. Her ne şekilde olursa olsun, belli ki uyum sağlayamamıştı.

Osei bu durumdan hiç memnun değildi ve Noboru'yu, tavrını değiştirmemesi hâlinde onunla görüşmeyi tamamen kesmekle tehdit etti. Tehditleri pek bir etki yaratmadı. Onu bencil ve zalim olmakla suçluyordu ama yine de onunla arkadaş olmaya devam etti. Günler geçtikçe, ona aptal bir çocuk gibi davranmaya, onunla oynamaya ve şakalaşmaya devam etti ve tüm itirazlarına rağmen bundan hoşlanıyor gibiydi. Aslında Noboru ara sıra onunla ciddi bir konuşma yapmaya çalıştığında bundan memnun olmadı ve onu nazikçe, tekrar onunla dalga geçmesi için kandırdı. Eğer Noboru karşılık vermezse, kadın bundan hiç hoşlanmazdı. Kendisini daha iyi hissetmesi için elini tutmaya çalışırdı, ancak kahkahalarla çığlık atar, komik suratlar yapar ve kaçardı. İnsan, onu gerçekten neyin memnun edeceğini merak ederdi, çünkü onunla şakalaştığında ve onu görmezden geldiğinde mutlu değildi.

Omasa her ne kadar görmezden gelse de olan biten her şeyi gördü ve çok kızdı. Omasa'nın bilgili gözlerinde, kızının yaptığı şey tamamen yanlıştı. Osei'nin davranışı son derece etkisizdi. Kızına, doğru davranış konusunda ciddi bir şekilde öğüt verdi ve erkeklerle başa çıkma konusunda, uzun yılların deneyimiyle öğrenilmiş kurallardan bahsetti. Erkekler onunla flört ettiğinde, dalga geçtiğinde ya da onu pohpohladığında ne yapması gerektiğini anlattı. Ne yazık ki çocuklar, ebeveynlerinden tavsiye almayı asla öğrenemezler. Aptal, olgunlaşmamış ve dünya hakkında hiçbir şey bilmeyen Osei, annesinin söylediklerini dinlemedi ve küstahça, Meiji Dönemi'nde kadınların artık profesyonel şovmenler gibi davranmaması gerektiğini söyledi. Böyle bir yapmacıklığın modern dünyada yeri yoktu. Annesi sadece, genç bir hanımefendinin nasıl davranması gerektiğinden bahsettiğini açıklamaya çalıştı ama bu tür derin fikirler, olgunlaşmamış Osei için boşa gitti. Osei, böyle şeylerden, eski moda Onna Daigaku'da[1] bile bahsedilmediğini söyleyerek karşılık verdi. Sonunda Omasa bıkkınlık içinde pes etti. Osei umutsuzdu.

[1] Onna Daigaku: Eğitimde neo-Konfüçyüsçü değerleri savunan, 18. yüzyıldan kalma bir Japon eğitim metni. –ed.n.

Anlaşıldığı üzere Osei, annesinin endişelenmesi için gerçek bir neden olmadan önce alışkanlıklarını özgür iradesiyle değiştirdi. Olay şöyle gelişti.

Omasa'nın arkadaşı Ohama'dan Bölüm 4'te bahsedilmişti. Bir gün kızıyla birlikte Omasa'yı görmeye gelmiş ve ona, kızının bir iş adamıyla evlenmek üzere olduğunu söylemişti. Ohama'nın kızı, Osei'den bir yaş küçüktü ve onun kadar güzel olmasa da ağırbaşlı, çekici bir tavrı vardı, ayrıca geleneksel Japon sanatlarında oldukça başarılıydı. Omasa, kızı çok seviyor ve oldukça zeki buluyordu; Osei ise onun eski kafalı olduğunu düşünüyordu, aslında ondan nefret ediyordu. Omasa, kendisini kızla olumsuz bir şekilde karşılaştırarak Osei'yi kızdırmayı alışkanlık hâline getirmişti.

Omasa, kızın nişanını kıskandığını güçlükle gizleyebildi ve onları coşkuyla tebrik etti. Ohama muzaffer bir edayla gelin odasının mali varlığını anlatmaya başladı. Düğün hazırlıklarının maliyetini dikkatle hesapladı ve her bir kalemi ayrı ayrı sıraladı. Anlattıklarına, Omasa'dan tekrarlanan şaşkınlık ve kıskançlık nidaları eşlik etti. Omasa, aralarındaki iyi ilişkinin kızın nazik tavırlarından ve kusursuz davranışlarından kaynaklandığını düşündü.

"Evlenmenin nesini bu kadar harika bulduklarını hayal bile edemiyorum," diye düşündü Osei, kendi kendine. "Bir kedinin fare yakalaması daha zordur. Gözlerini yere indiriyor -o kadar utangaç ve ağırbaşlı ki- ama çok memnun olduğu belli. Gururu, yüzünden okunuyor. Ona bakmak iğrenç." Kıskanç ya da haset olması mümkün olmamasına rağmen, Osei düşüncelerini kendine saklamaktan memnun değildi. Bu aptallık hakkında ne düşündüğünü onlara göstermek umuduyla birkaç kez alaycı bir şekilde gülümsedi ancak kimse onu dikkate almadı.

Arkadaşının iyi talihini kıskanan Omasa, kendi endişelerini dile getirdi. "Adını verebileceğim biri..." dedi küstahça. "Annesini görmezden geliyor. Ona söylenen hiçbir şeyi dinlemiyor. Bir yuva kurmayı aklından bile geçirmiyor."

"Böyle güzel bir kızın bir gün iyi bir devlet adamını koca olarak bulacağına eminim. O zaman annesini mutlu edecek, değil mi?" Ohama kayıtsız bir kahkaha atarak Osei'ye baktı. Kızı da onu takip etti.

Osei kızardı ve gözlerini indirdi. Birkaç dakika sonra kendi odasına çekildi ve orada öfkesini dışa vurdu. "Umurumda değil, asla evlenmeyeceğim," diye bağırarak itiraz etti.

Omasa ve misafirleri o gün boyunca konuştular ve misafirler ayrıldıklarında bile Omasa, nişan hakkında kıskançlıkla konuşmaya devam etti. Osei buna daha fazla dayanamadı. Annesini durdurmak umuduyla, içinde biriken kızgınlığı öfkeyle dışa vurdu. Ancak Omasa mantıklı konuşmaya başlamış ve kız da sözlerini yumuşatmak zorunda kalmıştı. Annesinin söylediklerinde doğruluk payı olduğunu fark etti ama inadından, tartışmaya devam etti.

Aniden bir düşünceye kapılan Omasa, gelişigüzel bir imada bulundu. "Diyelim ki Noboru'dan bahsettim. Evliliğin bu kadar kötü bir fikir olduğunu düşünür müydün?"

"Evlenmek istemiyorum," dedi Osei. Yüzündeki tüm duygular silinmişti.

"Nedenini merak ediyorum. Çok iyi birine benziyor, oldukça zeki ve iyi bir geliri var. En önemlisi de yakışıklı.

"Ben evlenmek istemiyorum."

"Ama ya seni isterse? Ona ne söylemeliyim?"

Osei bir an tereddüt etti. "Hayır, hayır, evlenmek istemiyorum."

Omasa ona baktı ve yüksek sesle güldü. Bunun üzerine konuyu kapattı.

Osei kayıtsız ifadesini sürdürmeye çalıştı ama nedense aklı sürekli başka yerlere gidiyordu ve çok geçmeden hayallere daldı. Sessizce oturup düşüncelere gömüldü. Omasa ona saatin on bir olduğunu hatırlattığında, aniden gerçekliğe geri döndü ve derin bir iç çekti.

Kendi odasına döndüğünde Osei kıyafetlerini değiştirdi ve yere serili yatağın üzerine güçsüzce uzandı. Bir süre orada oturdu, yüzü ifadesizdi. Ne düşünüyordu acaba? Annesinin sorusuna el yordamıyla bir yanıt mı arıyordu? Kendine bir koca bulması gerekirken Bunzō'yla zamanını boşa harcadığı için pişmanlık mı duyuyordu? Yoksa o puslu kafa karışıklığı, annesinin sözlerinin keskin ışığıyla yok mu olmuştu? Eski kaygısız hayatının eşiğine geldiğini ve kaderinin belirleneceği anın bu olduğunu ilk kez mi fark etmişti? Yoksa çılgın hayallere mi sürükleniyor, bilemediği neşeli ve mutlu bir geleceğe doğru mu uçuyordu? Umutlarını gerçeklere mi dönüştürüyordu, hayallerini gerçek olarak mı görüyordu, aynı anda hem mutlu hem de korkulu muydu? Düşünceleri boş ifadesine yansımadığı için bunu bilemiyoruz. Bir süre hareket etmedi. Yaklaşık on dakika geçti.

Birdenbire gözleri ışıl ışıl parladı. Dudaklarına bir gülümseme yayılırken ve yanakları kızarırken yüzü ışıl ışıl güzelleşti. Onu görmek, bir çiçeğin açışını izlemek gibiydi; mutluluğu o kadar saf ve masumdu ki.

Sevinçle yerden fırladı, sütuna asılı aynaya uçtu ve gülümseyen yüzünün loş yansımasına baktı. Kendini sıkıca kucaklayarak yatağın etrafında zıpladı ve odanın içinde dans etti. Tekrar yatağın üzerine yığıldı, yastığı yakaladı ve başının altına itti. Boğuk bir çığlık ve kahkahalar attı, vücudunu ileri geri salladı.

Bundan sonraki birkaç gün boyunca Osei, Noboru'nun yanında huzursuz ve rahatsızdı, çünkü duygularını gizlemeye çalışıyordu. Her zamanki gibi çocukça davranarak Noboru'nun, aralarında bir şeylerin değiştiğini tahmin etmesini engellemeyi umuyordu. Tüm çabalarına rağmen kendini ele verdi. Onunla konuşurken sesinin tonuna zar zor fark edilebilen bir kalınlık karışıyor, uygunsuz anlarda gülüyor ve odaya girip çıkmaya devam ediyordu. Noboru'nun kendisini izlediğini fark etmemiş gibi davranarak annesiyle gündelik sohbetlerine devam etti. Göz göze geldiklerinde telaşlandı ve hızla arkasını döndü. Omasa, Noboru'nun dikkatini Osei'nin kendisine olan ilgisine çekmeyi umarak, davranışları konusunda ona patavatsızca takıldı; böylece kızının daha da utanmasına neden oldu.

Ancak günler geçtikçe ve Noboru eski şakacı, eğlenceli hâlini korudukça, Osei'nin davranışları değişti. Utangaçlığı gitmiş, onun karşısındaki beceriksizliği yok olmuştu. Artık Noboru'nun görünüp görünmemesini umursamıyordu ve Noboru'nun varlığı onu neşelendirmiyordu. Aksine, Noboru'yu görmek bile onu üzüyor ve dalgınlaştırıyordu. Soğuk ve mesafeliydi, ona yabancılaşmış bir akrabası gibi davranıyordu. Tartışmışlar mıydı yoksa ondan bıkmış mıydı? Belki de kara sevdasının yeniliği geçip gitmişti. Bunu anlatmak imkânsız.

Noboru zaman zaman onunla şakalaşma girişimlerini sürdürdü ama hiçbir karşılık alamadı, hatta Osei onu görmezden geldi. Şakalarının tadı kaçtı; tamamen dümdüz oldu.

O, evde olmadığı zamanlarda Osei, büyük bir neşe içinde, orada bulunan herkesle mutlulukla oynuyor ve şakalaşıyordu. Şiirler okuyarak, şarkılar söyleyerek ve ne olduğunu anlayamayan Onabe'yle dans ederek harika bir gösteri yapıyordu. Koşuyor, oynaşıyor, gülüyor; evin içinde neşeli bir şamata yaratıyordu. Ama Noboru geldiği anda ruh hâli değişiyor, sessizleşiyor ve hüzünleniyordu.

Bununla birlikte, annesine karşı oldukça nazik davranmaya başlamıştı. Omasa, evde böyle bir yaygara kopardığı için onu azarladığında susmuyor ama eskisi gibi karşılık da vermiyordu. Omasa'ya karşı artık tatlı ve sevecen bir tavır takınıyordu. Annesi ilk başlarda onun bu çocuksu tavrına çok sinirlense de sonunda bu durumdan etkilenmiş ve onu azarlamak yerine gülümsemeyle karşılık vermeye başlamıştı. Osei sabahları uyandığında biraz huysuzlanıyordu ama bunun dışında, evin içinde mutlu bir şekilde dolaşıyordu, neşeli ve cana yakındı.

Bir gün Osei, akşamları örgü dersi almak istediğini söyledi. Omasa bunun yerine, öğleden sonraları, tanıdığı hoş bir kadınla Japon iğne işi çalışmaya gidebileceğini önerdi. Hayır, Osei örgü örmekte ısrar etti. Batılı bir genç kız olsaydı annesine sarılır ve onu yanağından öperdi ama elinde böyle bir silah yoktu. Hâl böyleyken, yüzünde öyle acınası ve yalvaran bir ifadeyle ona bakıyordu ki, Omasa pes etmekten başka bir şey yapamadı.

Örgü örmek, İngilizceden daha ilgi çekiciydi. Osei her akşam, yüzü boyalı ve en güzel kimonosunu giymiş bir hâlde, mutlu bir şekilde derslerine gidiyordu. Elbette her zaman makyaj yapılmasına karşı çıkmıştı ama şimdi, diğer tüm kızlar makyaj yaptığı için kendisinin de yapmak zorunda olduğunu açıklamak zorunda hissediyordu. Annesi, o akşam için daha az göz alıcı bir kostümün uygun olabileceğini söylediğinde, bu konuda tartışmasa da, belli ki hoşnutsuzdu. Huzursuz kızının evden çıkışını izleyen Omasa, kaçınılmaz olarak huzursuz hissetti.

Noboru son zamanlarda zamanını başka yerlerde geçiriyordu.

BÖLÜM 19

Osei, Bunzō'ya o şiddetli çıkışından sonra bir daha açıkça hakaret etmedi. Hatta çok ileri gittiğini bile düşünmüş olabilir, çünkü takip eden haftalarda soğuk ve mesafeliydi ama asla kötü niyetli değildi. Buna karşılık Omasa, zaman geçtikçe ondan daha fazla hoşlanmamaya başladı ve evinden gitmesi konusunda oldukça endişeliydi. En neşeli sohbetler, o aşağıya indiğinde anında kesiliyor ve Omasa her şeyden önce kızgınlığını açıkça ortaya koyuyordu. Geç kaldığı için onu eleştiriyor, ona ters ters bakıyor ya da onu görünce sesli bir şekilde hiddetlenip öfkeleniyordu.

Hoşnutsuzluğunu bu kadar açık bir şekilde göstermesi gereksizdi. Bunzō aptal ya da duyarsız değildi. Taşınmasına ne kadar sevineceklerinin acı bir şekilde farkındaydı ama gitmemeye karar verdi. Neden? Kendisine davranış biçimlerine rağmen bu kadar kesin, bu kadar nihai bir şey yapamayacak kadar kararsız mıydı? Yoksa Osei'ye karşı hâlâ biraz sevgi mi besliyordu? Belki de aşkının böyle bir fiyaskoyla sonuçlandığını kabul etmek onun için zordu; birçok erkek bunu böyle düşünürdü. Zayıflık, aşk, utanç; hepsi onu orada tutuyordu. Ama daha önemlisi yükümlülük duygusuydu. Bunzō, Sonoda evine derin bir yükümlülük duygusuyla bağlı kalmıştı.

Bunzō, Osei'nin saldırısından sonraki ilk haftalarda ev halkını geçmiş yaşamlarıyla karşılaştırmaktan kendini alamıyordu. Bir zamanlar evlerini dolduran o nazik, sakin ruha ne olmuştu? Ne kadar mutluydular; hayatları ne kadar uyumlu bir şekilde harmanlanmıştı. Neşelerinin altında, gelecekte onları daha büyük bir mutluluğun beklediğinin farkındalığı yatıyordu. Sadece sabırlı olmaları gerekiyordu ve o da gelecekti. Bunzō, yengesi ve Osei karşılaştıklarında doğal ve hoş bir şekilde gülümsediler. Hiçbir yapmacıklığa gerek yoktu. Uygunsuz ya da rahatsız edici hiçbir şey söylenmedi, akıl ve ruh olarak birbirlerine o kadar yakındılar ki. Her biri bu amaç birliği sayesinde bir şekilde yücelmişti; bir gün eş olacak bir kız, koca olacak bir adam, bir oğul kazanacak bir anne. Omasa'nın da ailenin mutluluğuna katkısı hiç de az değildi. Onları birbirinden ayırmak için orada olmasaydı, iki genç insan kesinlikle çok yakınlaşacak ve böylece huzur yok olacaktı. Sonra bir anda o sıcak sevgi, o neşe, o yumuşak uyum, o mutlu şekilde gülen gözler kayboldu. Bunzō işini kaybetti; Noboru ailedeki yerini aldı.

Bugün her şey kaos içindeydi. Neşeli, gürültülü, kaygısız atmosfer sadece yüzeyseldi. Altında iğrenç, açgözlü, kendini beğenmiş, ahlaksız, zalim bir kitle yatıyordu. Bir zamanlar onları birbirine bağlayan birliktelik ruhu ve bencil kalplerini temizleyen sevgi artık yoktu. Sadece kendilerini düşünüyorlardı. Sadece kendi çıkarları doğrultusunda konuşuyor ve açgözlülüklerini tatmin etmek için hareket ediyorlardı. Birbirlerini kandırdılar ve kandırıldılar. Hesaplama, aldatma, yalanlar, hileler; her türlü aşağılık insani uygulama iş başındaydı.

Omasa; Osei ve Noboru arasında bir birliktelik ayarlamaya çalışıyordu. Yıllardır kızının geleceği için endişeleniyordu ve onun bir düzene girdiğini görmek istiyordu. Ayrıca kızın Bunzō'ya yeniden ilgi duymasından da korkuyordu. Ama Osei patavatsızdı. Annesinin planlarına hiç uymuyordu ve Omasa bundan dolayı çok üzgündü. Noboru, Omasa'nın aklında ne olduğunu çok iyi biliyordu ama bunun getirebileceği sorunlardan korktuğu için kızıyla fazla içli dışlı olmak istemiyordu. Bocalıyor, göz ucuyla Osei'yi izliyor, yemi yutmamakta direnen yaşlı bir tilki gibi dudaklarını yalıyordu. (Bunzō nedense hep, Noboru'nun çirkin, aptal ve nüfuzlu bir ailesi olan bir kadınla evleneceğini hayal etmişti.) Omasa, Noboru'nun ne düşündüğünü fark etmişti ve o da Noboru'nun her planından haberdardı. Her ikisi de diğerinin anladığını biliyor ve üstünlük sağlamak için masum, saf bir poz takınıyordu. Biri en az diğeri kadar düzenbazdı; ne kazanıyor ne de kaybediyorlardı. Artık oyundan bıkmışlardı ve bir sonraki hamleyi yapmadan önce sinsice birbirlerini izliyorlardı.

Bunzō sakin bir şekilde oturamayacağını fark etti. Osei büyük bir tehlike içindeydi ve bunun farkında değildi. Bu açgözlü, kirlenmiş evdeki hayat onu körü körüne sürüklüyordu ve o da bundan büyük keyif alıyordu. Kafası çok karışık bir kızdı; bu çirkin durumun içinde, onun iğrençliğini görmeden yaşıyordu. Sarhoş bir kadın gibi, sadece birkaç seçkin izlenime karşı uyanıktı. Zihni öylesine kamaşmıştı ki, gördüklerinin ve duyduklarının gerçek anlamını kavrayamıyor ve fikirler, süzgecinden geçmiyordu. Sadece dış dünya daha uzak hâle gelmekle kalmamıştı; artık kendi duygularını da deneyimleyemiyordu. Sanki kendinden ayrılmıştı; her sözü ve eylemi, içindeki gizemli bir güç tarafından yönlendiriliyordu. Her şey parıldıyordu. Dünya çok güzeldi. Herkes onu seviyor ve sadece onun için yaşıyordu. Bu muhteşem dünyada herhangi birinin mutsuz olması mümkün müydü? İnsanların yaşlandığını ve aşkın solduğunu unutarak, gençliğin ve güzelliğin sonsuza dek süreceğini hissetti. Gelecek mi? Parlak ve neşeli olmaktan başka ne olabilirdi ki?

Noboru'ya yakınlaşırken farkında olmadan kendini yok ediyordu. Olanlardan büyük ölçüde kendisi sorumluydu. Noboru'yu gerçekten sevmiyordu. Aslında herhangi bir erkeğin, tercihen genç ve yakışıklı birinin aşkını arıyordu. Bunzō ile arzuları bastırılmıştı ama şimdi çok heyecanlıydı. Heyecanı mantığının sesini susturmuş, algılarını köreltmiş ve ezici bir güçle onu korkunç şeyler yapmaya zorlamıştı.

Bu, onun hayatının dönüm noktasıydı ve bunu fark etmesinin sağlanması şarttı. Bu deneyimden çok şey öğrenilebilirdi; kendini anlamada yeni bir seviyeye ulaşılabilirdi. Duygularının doğru bir şekilde değerlendirilmesi zihnini daha olgun düşüncelere açacaktı. Olgun bir insan hâline gelecekti. Bu fırsat bir daha asla eline geçmeyecekti. Birinin onu kurtarması gerekiyordu ama kimin?

Magobē evde değildi. Olsa bile, hiçbir faydası olmazdı. Omasa'nın sevgisi o kadar yanlış yönlendirilmişti ki, farkında olmadan kızının ahlaki değerlerini çarpıtıyordu. Osei'ye yardım etmek için her türlü çabayı kesinlikle engelleyecekti. Geriye sadece Bunzō kalmıştı. En azından Osei'den biraz daha anlayışlı ve deneyimliydi. Yardımı yetersiz olsa da, sorumluluğun kendisinde olduğunu biliyordu.

Ve bu yüzden Omasa'nın ipuçlarına aldırış etmeden, kalmaya devam etti. Osei'yi şimdi bırakamazdı. Bu kritik dönemde ona yardım etmek onun göreviydi. Gece gündüz küçücük odasında kalıyor, duvarlara bakıyor ve onu kurtarmanın bir yolunu bulmayı umuyordu.

Keder içinde kaybolmuştu. Osei'yi kurtarmak için bir yol bulmayı umutsuzca istiyordu ama bir türlü bulamıyordu. Her gün tekrar tekrar, ne yapması gerektiğini kendine soruyor ama bir cevap bulamıyordu. Sadece derin bir hüsran duygusuyla baş başa kalmıştı. Çektiği acılardan kaçmaya çalışırken muhakeme yeteneğini kaybetti ve hayal gücü ondan uzaklaştı. Fantezilerini kontrol edemedi ve henüz Osei'yi kurtarmanın bir yolunu keşfetmemiş olmasına rağmen, onun kurtarılacağı harika günün hayalini kurmaya başladı.

Ama her zaman hayal kuracak biri değildi. Birçok plan düşündü, bunların arasında işe yarayabilecek iki plan vardı. En iyi fikir, neler olup bittiğini Magobē'ye tüm ayrıntılarıyla anlatmak ve Osei'yle doğrudan konuşmasını sağlamak gibi görünüyordu. Osei'nin, babasının tavsiyesini ciddiye alması muhtemeldi. Ama Osei yabancı değildi, Bunzō'nun kendisi de onunla yakından ilgileniyordu. Her ne kadar bunu kızın iyiliği için yapıyor olsa da, babasına onun aleyhinde bilgi verme fikri onu mutsuz ediyordu. Kendi kuşkularını görmezden gelip Magobē ile sorun hakkında konuşabilirdi ama Magobē, Osei'ye yaptığının yanlış olduğunu anlatmayı başarsa bile, inatçı Omasa'yı ikna edemeyecekti. Magobē de yanlış bir şey olmadığına pekâlâ ikna olabilirdi. Bunzō, Magobē ile konuşmamaya karar verdi.

Peki, o zaman tehlikeyi Osei'ye kendisi mi açıklamalıydı? Onu dinlemesi bile pek olası değildi. Onun işlerine bu kadar açık bir şekilde karışırsa, kendini son derece savunmasız bir duruma sokacaktı. Bunzō her iki planın da sonuçlarından korkuyordu.

Tatmin edici bir çözüme ulaşmaya çalışırken düşünceleri dönüp duruyordu. Hiçbir plan pratik görünmüyordu. Amcasına söylemeli miydi? Ona kendisi mi yaklaşmalıydı? Endişeden bitkin düşmüş bir hâlde, zihninde yine bir dizi fantezi dolaşıyordu. Olan biten her şeyin bir şakadan ibaret olduğu ve Osei'nin sadece kendisini sınadığı fikrine bile tutundu. Her an neşeyle gülerek merdivenlerden yukarı çıkabilir, acısını ve şaşkınlığını üzerinden atabilirdi. Ama sonra, onun o korkunç öğleden sonrasında nasıl göründüğünü hatırladı ve fantezileri dağıldı. Günlerini bu şekilde geçirmesi çok saçmaydı. Yine de onu unutmaya çalıştığında, sanki önemli bir işini yarıda bırakmış gibi hissediyor ve acı dolu düşünceleri kaçınılmaz olarak Osei'ye dönüyordu.

Tek bir sorun üzerinde sürekli yoğunlaşmak beyni yorar, ayırt etme gücünü kaybettirir. Bunzō tamamen alakasız fikir kırıntılarının, zihnine üşüşmesini engelleyemiyordu. Bir keresinde sırtüstü uzanmış, kollarını başının arkasında kavuşturmuş hâlde tavana bakarken, üstündeki tahtanın damarları gözüne çarptı. "Akan suyun oluşturduğu bir ize benziyor," diye düşündü şaşkınlıkla, büyülenmiş gibi oldu ve Osei'yi bir anlığına unuttu. "Nasıl baktığınıza bağlı olarak, bir kısmı diğerinden daha yüksek görünüyor. Optik illüzyon dedikleri şey bu olabilir mi?" Kendisine fizik öğreten yabancının sakallı yüzünü hatırladı ve sonra, onunla birlikte okula giden birkaç öğrenci zihninde belirdi. Birinin kulağının arkasında bir kalem vardı, bir diğeri kolunun altında kitaplar taşıyordu, üçüncüsü okuyordu. Bunzō'nun kendisi de onların arasında duruyordu. Elektrik dersi yeni bitmişti ve bütün öğrenciler laboratuvardaki bir makinenin etrafında toplanmışlardı. Büyük bir gürültü koparıyorlardı. Ne hakkında olabilirdi? Birdenbire makine ve öğrenciler ortadan kayboldu. Bunzō, tahtadaki damarları tekrar gördü. "Bu bir göz yanılsaması mı?" diye sordu gülümseyerek. "Bence Sully'nin İllüzyonlar[1]'ı şimdiye kadar okuduğum en ilginç kitap. İki gün içinde bitirdim. Ne kadar olağanüstü bir zekâsı var. Bir insan nasıl bu kadar zeki olabilir?" Sully'nin zihni ile Osei arasında görünürde bir ilişki yoktu ama tam o anda Osei tekrar düşüncelerine daldı. Bunzō, sanki hassas bir yarasına vurulmuş gibi haykırdı ve ayağa kalktı. Bunu yaparken bile onu unuttu. Neden ayağa kalkmıştı ki? Bir an sonra hatırladı. Ama şimdi onun sorunu, gerçek dünyadan kopmuş bir şey gibi görünüyordu. Artık onu ilgilendirmiyor ya da eğlendirmiyordu ve o an için zihnini boşalttı.

Sonunda Bunzō, kararlarını uygulayacak gücünün olmadığını kabul etmek zorunda kaldı. Haftalar süren endişe onu neredeyse delirtmişti ama duruma yardımcı olacak hiçbir şey yapmamıştı. Doğal akışına bırakmıştı kendini, Osei gittikçe daha derine batıyordu.

Birdenbire, son derece keyifli ve tamamen beklenmedik bir şey oldu. Osei, Noboru'dan uzaklaştı. Bunzō bu noktaya kadar dikkatle izleyerek ve dinleyerek onun duygularının baş döndürücü seyrini takip edebilmişti ama şimdi yolunu kaybetmişti. Ne olmuştu? Aralarına bir şeyin girdiğine inanmak zordu. İster anlasın ister anlamasın, Osei'nin kendisine karşı olan tutumun-

[1] James Sully. *Illusions - A Psychological Study.* –ed.n.

daki değişiklikten cesaret almadan edemiyordu. Küçümsemeler ve alaylar geride kalmıştı; ona bir düşman gibi davranmayı bırakmıştı. Onabe'yle şakalaşırken karşısına çıkarsa ona bakıp gülüyordu. Bunzō onunla konuşma fikrini aklından geçirdi. Hoş bir şekilde cevap verebilirdi. Onunla her şeyi özel olarak konuşmayı denemeli miydi? Acı anıları ona engel oldu. Tereddüt ettiği için kendini son derece aptal hissederek bekledi.

Osei'nin örgü derslerine başlamasından birkaç gün sonraydı. Bunzō, oturma odasına doğru giderken onu, salonda sırtı dönük bir şekilde dururken gördü. Bir şeyle meşguldü, muhtemelen örgü örüyordu çünkü bu, hayatındaki en son yenilikti. Belli ki onu Onabe sandı, çünkü dönmeden, "Daha hazır değil misin?" dedi. Bunca haftadan sonra böyle nazikçe konuşulması ne kadar şaşırtıcı! Cevap alamayınca meraklanan Osei döndü ve onu gördü. Küçük bir şaşkınlık çığlığı attı ama pek de üzgün görünmüyordu. Gülümsedi ve örgüsüne geri döndü.

Bunzō sevinçten sarhoş olmuştu. Ne yapmalıydı? Heyecandan neredeyse bayılacaktı. Omasa'nın evde olmadığını hatırladı. Bu, eşsiz bir fırsat gibi görünüyordu. Hizmetçinin odasının kapısı açıldığında onunla konuşup konuşmamayı tartıyordu ve orada görülmek istemediğinin farkına bile varmadan, anında oturma odasında kayboldu.

Onabe'nin, Osei'yi beklettiği için özür dilediğini duydu. Osei ona bir şeyler fısıldadı ve iki kız da kıkırdadı. "Gerçekten mi, Bay Utsumi?" Onabe sert bir sesle sordu.

"Sus. Hâlâ içeride," diye fısıldayarak uyardı Osei.

"Öyle mi?" Sesi kısıldı.

"Evet, gerçekten."

Onları gözetlediği için utanarak, hiçbir şey duymamış gibi davranarak saklandığı yerden çıktı. Onabe ona baktı ve hafifçe eğilerek, banyoya gittiklerini duyurdu. Birden aklına bir şey geldi. "Hanımefendi eve gelir de yemek isterse, dolaba koydum. Buyurun," dedi. "Hazır mısınız? O zaman şimdi gidiyoruz."

Osei, Bunzō'ya baktı, gözlerinde kahkahalar parlıyordu ve örgüsünü hızla oturma odasına fırlatarak, hizmetçiyle birlikte oradan ayrıldı. Yürürken neşeyle sohbet ediyorlardı. İki kız neredeyse aynı yaştaydı ve yakın zamanda iyi arkadaş olmuşlardı. Bundan önce Osei, bir hizmetçiyle rahatça konuşamayacak kadar züppe bir karaktere sahipti.

Bunzō onların gidişini izlerken gülümsedi ve mutluluğunu şimdilik sorgulamadan kabul etti. En sevdiği fanteziler yine ön plana çıktı. Belki de endişelenecek bir şey yoktu. Belki de tüm bunlar, şüpheci zihninin bir ürünüydü. Ama hayır, kesinlikle yanlış giden bir şeyler vardı. Kızın acımasız, anlamsız saldırısını; annesine karşı ilk baştaki meydan okuyuşunu ve ardından gelen yeni itaatsizliğini; o kadar yakın ilişkiler içinde olduğu Noboru'dan giderek uzaklaşmasını görmezden gelemezdi. Bunlar onun fantezileriyle somut çelişkilerdi. Bir şeyler yanlıştı ve Bunzō, sorunu nasıl daha iyi anlayacağını bilmiyordu. Mutlu mu yoksa üzgün mü hissetmesi gerektiğini bile bilmiyordu. Huzursuzca evin içinde dolaştı. Sonunda bir karara vardı. Geri döndüğünde onunla konuşmayı deneyecekti. Her şeyi onun vereceği cevaba bağlayacaktı. Eğer Osei onu dinlemezse, o evi sonsuza dek terk edecekti. Beklemek için üst kata çıktı.

JAPONCA ASLINDAN ÇEVİREN
ZEYNEP EZGİ ZÜMBÜL
YABAN KAZI
ŌGAİ MORİ
森鷗外
TOKYO
KLASİK

JAPONCA ASLINDAN ÇEVİREN
YAHYA BULAT
GALAKTİK
DEMİRYOLU'NDA GECE
KENJİ MİYAZAWA
宮沢 賢治
KLASİK

JAPONCA ASLINDAN ÇEVİREN
ZEYNEP EZGİ ZÜMBÜL
DÖŞEK
KATAİ TAYAMA
田山 花袋
TOKYO
KLASİK